iCourse·教材

职业教育课程改革新形态教材

汽修数学

主　编　赵　波　陆泽贵
副主编　鹿继梅　秦一梅

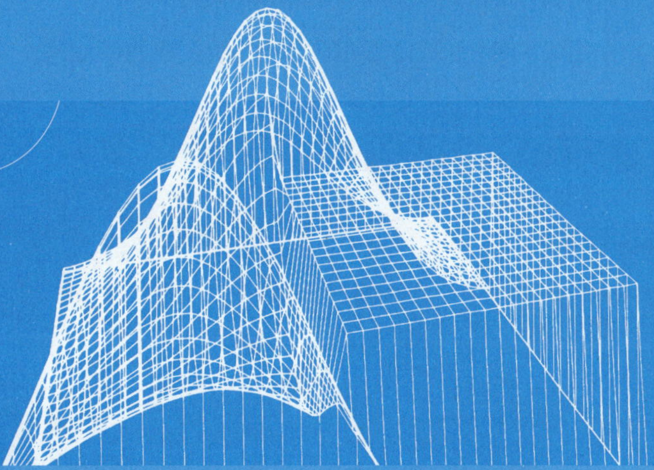

高等教育出版社·北京

内容提要

本书依据教育部现行《中等职业学校数学教学大纲》编写。本书以培养高素质技术技能型人才为目标，结合汽修专业项目教学需求，将内容分为“汽车电路中的‘且’‘或’‘非’”“汽车中的函数”“示波器中的正弦型函数”“汽车中的平面向量”“汽车中的立体几何”“汽车中的解析几何”“汽车中的计数原理”“汽车中的抽样方法”八个专题，从汽修专业相关知识或现象引入数学新课，通过观察思考、新知讲授与典型例题，展示数学知识的来龙去脉，再以简洁的语言或题目揭示与专业知识或现象关联的数学知识本质，体现数学与汽修专业的融合，并学以致用。

本书配套“汽修数学”在线开放课程和 AR 软件，可登录爱课程网“中国职教 MOOC”平台选课学习，同时扫描书后二维码下载 APP，体验汽修 AR。

本书可供中等职业学校汽修专业的学生学习使用，也可用作汽修专业的教师培训用书或其他专业的学生学习读本。

图书在版编目（C I P）数据

汽修数学 / 赵波，陆泽贵主编 . -- 北京：高等教育出版社，2017. 10（2019.3 重印）

ISBN 978-7-04-048506-6

Ⅰ. ①汽… Ⅱ. ①赵… ②陆… Ⅲ. ①汽车－车辆修理－中等专业学校－教学参考资料②数学课－中等专业学校－教学参考资料 Ⅳ. ① U472.4 ② G634.603

中国版本图书馆 CIP 数据核字（2017）第 221692 号

Qixiu Shuxue

策划编辑 薛春玲　责任编辑 薛春玲　封面设计 张 志　版式设计 张 志
插图绘制 杜晓丹　责任校对 吕红颖　责任印制 毛斯璐

出版发行	高等教育出版社	咨询电话	400-810-0598
社　　址	北京市西城区德外大街 4 号	网　　址	http://www.hep.edu.cn
邮政编码	100120		http://www.hep.com.cn
印　　刷	高教社（天津）印务有限公司	网上订购	http://www.hepmall.com.cn
			http://www.hepmall.com
开　　本	787mm × 1092mm　1/16		http://www.hepmall.cn
印　　张	10.25	版　　次	2017 年 10 月第 1 版
字　　数	180 千字	印　　次	2019 年 3 月第 2 次印刷
购书热线	010-58581118	定　　价	32.00 元

物 料 号　48506-00

前 言

随着国家职业教育教学的不断改革和发展，职业教育的人才培养模式更加突出产教深度融合，校企深度合作，中职数学课程教学必须与专业课紧密结合，根据专业特点和企业要求研发适合专业课教学与学习的数学新形态教材。为此，济南市历城职业中等专业学校在落实《国家教育事业发展“十三五”规划》精神、全方位探索文化基础课课程改革实践成果的基础上，与高等教育出版社一起组织研发了《汽修数学》新形态教材。

本书根据教育部最新颁布的《中等职业学校数学教学大纲》对课程目标的定位，将教学大纲的新要求与汽修专业教学实际情况相结合，在编写中努力体现中等职业教育“以服务发展为宗旨，以促进就业为导向”的办学方针，努力实现“培养高素质劳动者和技术技能人才”的培养目标。结合汽修专业的相关知识，将内容分为“汽车电路中的‘且’‘或’‘非’”“汽车中的函数”“示波器中的正弦型函数”“汽车中的平面向量”“汽车中的立体几何”“汽车中的解析几何”“汽车中的计数原理”“汽车中的抽样方法”八个专题。本书坚持以培养高素质技术技能型人才为目标，从制定教学计划、改革教学内容、转变教学方式三个方面进行了深入探究，以基于学生的学习基础、基于学生所学专业的需求、基于学生未来职业的发展为原则，突破学科体系障碍，重视与汽修专业知识的整合，重视与信息技术的整合。

本书具有以下编写特色：

1. 精选内容，体现中职数学课程与汽修专业知识的紧密结合

基于对传统数学教材与汽修教材的长期研究与整合，精选中职数学课程中与汽修专业知识紧密相关的章节，删除与汽修专业知识无关的内容。在内容编排上，力求与汽修专业知识相结合，生动形象、深入浅出地提示数学概念的本质。

2. 采用专题化结构编写，体现专业教学的灵活性

本书以数学知识为主线，结合汽修的相关知识，分为八个专题，各专题相互独立，学生可以零基础开始学习，各学校可根据汽修专业的教学需求灵活调整各专题的学习顺序，体现以学生发展为本的理念。

3. 与在线开放课程紧密结合，学习方式更新颖，数字资源更丰富

本书编写过程中，同步研发了与教材内容相互补充相互融合的在线开放课程，教师和学生可以通过电脑或手机等移动终端选

课学习，体验线上线下互动式教与学；并且，书中加入大量与汽修知识相关的二维码链接和 AR，扫描它们即可以观看知识点讲解的生动形象视频，又可以体验汽车零件三维模型的 360 度展示与工作过程介绍，极大地扩展了纸质教材的知识容量，使资源更加丰富。

4. 渗透数学文化，培养学生的学科素养

本书在培养学生掌握数学基础知识，形成基本技能，增强学习能力的同时，逐步渗透数学文化，培养学生的数学素养。在每个专题的“阅读资料”栏目，增加了数学的发展史、数学家的故事、数学知识的应用等内容，引导学生体会数学文化的魅力，培养、提高学生的学科素养。

5. 版块结构设计合理、条理清晰，图文并茂

为适应中职学生的心理特点和年龄特征，教学内容采用版块化设计，每一讲依照 [专业链接]、[数学相关]、[融会贯通] 和 [践行新知] 等版块展开教学内容，边白部分还插入了 [想一想]、[试一试]、二维码等内容，知识的形成过程清晰明了。同时，对需要突出的重点知识内容和图形采用彩色设计，使文字和图形更加生动形象，提高了可视性和趣味性。

本书由多年从事中职一线数学教学和汽修专业教学的省、市级教学能手、名师以及骨干教师编写。本书由赵波、陆泽贵担任主编，由鹿继梅、秦一梅担任副主编。参加本书编写的有陆泽贵、鹿继梅、张宗辉、秦一梅、张燕、陈淑婷、邱汝杰、葛增胜、张友记、赵锦、葛建智、卜桂英。

本书的出版得到了高等教育出版社陈建华、贾瑞武、薛春玲和张德发的大力支持和配合，在此表示感谢！

由于编者水平有限，书中不妥之处在所难免，敬请读者批评指正。意见反馈可发邮件至 zz_dzyj@pub.hep.cn。

编　者

2017 年 6 月

与本书配套的数字资源使用说明

本书设计了针对专业知识和重难点知识的教学视频，在文中以二维码形式呈现，读者通过扫码，即可在手机或 PAD 等终端设备观看教学视频；同时，本书引入增强现实 (AR) 技术，读者安装书后二维码提供的手机 APP 扫描相应图片，即可体验。

为适应信息化技术的发展趋势和满足职业教育一线教学需求，与本书同步研发的 "汽修数学" 在线开放课程已在爱课程网 "中国职教 MOOC" 频道 (www.icourses.cn/vemooc) 上线，读者可登录网站后学习在线开放课程。

一、学习流程

1. 注册及登录

在浏览器地址栏输入爱课程网址 (http://www.icourses.cn/) 或百度搜索 "爱课程" 进入网站首页，未注册读者点击右上角 "注册"，在注册页面输入邮箱、密码、验证码，点击 "立即注册" 后，登录注册邮箱激活账号，完成注册；已注册读者点击右上角 "登录"，输入注册邮箱和密码进行登录即可。

2. 选课

(1) MOOC 选课。希望通过爱课程网选择 "汽修数学" 课程与本书配套自主学习的读者，可访问爱课程网，点击 "中国职教 MOOC" 频道，在搜索栏输入 "汽修数学"，找到相应课程并点击进入，在课程页面右侧点击 "报名参加" 或 "立即参加"，即可开始课程学习。

(2) SPOC 选课。希望通过爱课程网选择本校教师使用 "汽修数学" 开设的作为课堂教学补充的 SPOC 课程的学生，利用浏览器输入任课教师给定的课程链接并进入，在课程页面右侧课程密码处输入指定的课程密码，点击 "立即参加"，开始课程学习。

(3) 客户端选课。希望通过手机或 PAD 等终端设备选课的读者，可以通过扫描本书封底的 "中国大学 MOOC/职教频道客户端" 二维码，下载安装 APP，在手机屏幕的右上角点击 "搜索"，查找 "汽修数学"，进入选课，开始课程学习。

二、资源说明

汽修数学的数字资源依据数学课程教学大纲和中职数学课程服务汽修专业教学的改革实践成果，兼顾 MOOC 教学特点，对本书各专题内容进行了科学、细致地划分，既全面系统又重点突出，每讲均配有教学视频、随堂测验、演示文稿、电子教案、电子学案等，各部分内容简介如下:

1. 教学视频: 针对本书知识点的系统讲解, 视频短小精悍, 时长均为 5~10 分钟, 方便读者学习。

2. 随堂测验: 针对教学视频讲解的知识点的巩固练习, 可有效反映读者的知识掌握程度, 找出弱项重点加强。

3. 演示文稿: 紧密配合教学视频, 展示课程知识内容的教学课件, 可供学生课前预习或课后复习使用, 也可供教师课堂教学参考使用。

4. 电子教案: 配合教学视频, 呈现课堂教学过程, 可供任课教师教案制作使用, 也可供读者领会课程知识传授过程。

5. 电子学案: 介绍专业知识或现象所蕴涵的数学新知, 指导学生进行课前自主学习与训练, 巩固学习内容。

6. 讨论题: 从每讲教学视频讲授的知识点出发设计的讨论话题, 激发学习兴趣, 活跃线上交流互动, 启发学习思路。

目 录

专题一　汽车电路中的“且”“或”“非”

在人类生活的大花园里，孕育着散发智慧的逻辑之花，它根植在人类思维之中，每当人们进行思考或表达思想时，都会自觉或不自觉地运用逻辑力量去发挥自己的聪明才智．我们思维的常用方式是逻辑推理，逻辑代数承担起简化推理的重任，逻辑代数就是把逻辑推理过程代数化、符号化．它的运算特点同电路设计中的开与关、高电位与低电位等现象完全一样，因此它在电路分析中有着广泛的应用．

本专题将会结合一些汽车电路的专业实例，学习逻辑用语等相关知识，为今后解决某些专业问题打好基础．

视频 1-1
汽车电路中的“且”“或”“非”

专业链接

生活中“且”“或”“非”的关系处处可见. 汽车电路中, 也存在着“且”“或”“非”的关系, 电路的串联关系 (图 1–1) 可以看作是“且”的关系, 电路的并联关系 (图 1–2) 可以看作是“或”的关系, 开关的闭与开 (图 1–3) 则是一个“是”与“否”的关系, 其中“否”经常被称作“非”. 本专题将学习数学简易逻辑中与之相关的知识.

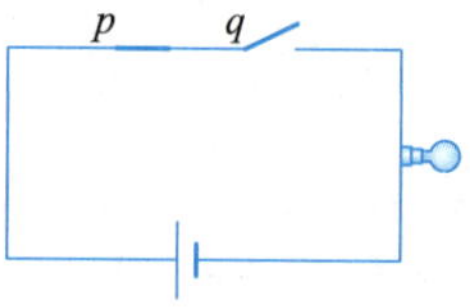

图 1–1

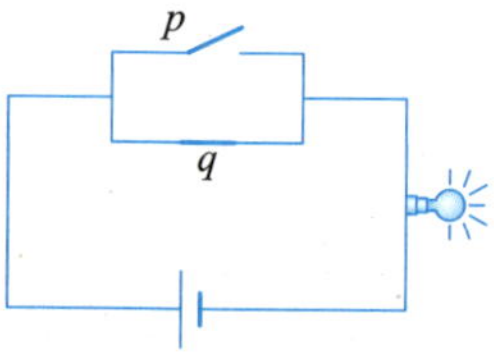

图 1–2

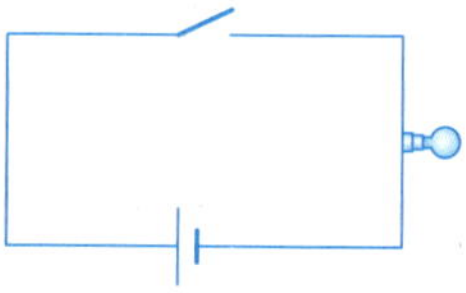
图 1–3

数学相关

观察思考

阅读下列语句:

(1) 2 是偶数;

(2) 有的三角形是等腰三角形;

(3) 所有的整数都是有理数;

(4) 自然数 3 比 7 大.

新知讲授

可以看出, 上面这些语句都可以判断真假, 我们把可以判断真假的语句叫做**命题**. 常用小写的拉丁字母 $p, q, r, s, \cdots$ 表示命题, 当命题给出的判断正确或符合客观实际时, 称该命题为真, 否则称该命题为假. “真、假”常被称为命题的真值.

而下面的语句就不是命题:

(1) 今天的天气真好呀!

(2) 所有的有理数都是整数吗?

(3) $x > 8$;

(4) $x^2 + 5$ 是整数.

注意 所有无法判断真假的语句都不是命题. 例如感叹句、疑问句、祈使句等. 语句 (3) 和 (4) 的真值都需要根据 x 的值来确定, 而这里并没有给出 x 的值, 所以没法判断它的真假, 因此不是命题.

在日常用语中, 我们经常使用连词“且、或、非”等, 在数学或逻辑学中, 也经常用到“且”“或”“非”, 我们把它们叫做**逻辑联结**

词. 把不含逻辑联结词的命题称为**简单命题**. 把含有逻辑联结词的命题称为**复合命题**.

1. 且 (∧)

观察下列三个命题, 分析它们之间的关系:

(1) p: 12 能被 3 整除;

(2) q: 12 能被 4 整除;

(3) 12 能被 3 整除且能被 4 整除.

一般地, 用逻辑联结词 “且” 把命题 p 和命题 q 联结起来, 就得到一个新命题, 记作 $p \wedge q$, 读作 “p 且 q”, 所以上题 (3) 中的命题就可以表示成 $p \wedge q$.

可以看出, 命题 p 是正确的, 命题 q 也是正确的, 从而 $p \wedge q$: 12 能被 3 整除且能被 4 整除也是正确的.

联想日常用语中 “并且” 的含义, 可以得出,

当 p, q 都是真命题时, $p \wedge q$ 是真命题;

当 p,q 中有一个命题是假命题时, $p \wedge q$ 是假命题.

表 1–1 给出了 p, q 和 $p \wedge q$ 三者之间的真值关系.

表 1–1

p	q	$p \wedge q$
真	真	真
真	假	假
假	真	假
假	假	假

2. 或 (∨)

一般地, 用逻辑联结词 “或” 把命题 p 和命题 q 联结起来, 就得到一个新命题, 记作 $p \vee q$, 读作 “p 或 q”.

这里的 “或” 与日常用语中的 “或” 的含义不同, 日常用语中的 “或” 是两个中任选一个, 不能都选, 而这里的 “或”, 可以是两个都选, 也可以是两个中只选一个.

因此, 规定,

当 p, q 中有一个是真命题时, $p \vee q$ 是真命题;

当 p, q 都是假命题时, $p \vee q$ 是假命题.

表 1–2 给出了 p, q 和 $p \vee q$ 三者之间的真值关系.

3. 非 (¬)

逻辑联结词 “非” 是由日常用语中的 “不是” 抽象而来的, 用符号 ¬ 表示. 一般地, 设 p 表示一个命题, 那么 $\neg p$ 表示命题的否定, 读作 “非 p”.

表 1-2

p	q	$p\vee q$
真	真	真
真	假	真
假	真	真
假	假	假

显然, p 与 $\neg p$ 不能同假或同真, 当其中一个为真时, 另一个必定为假.

表 1-3 给出了 $p, \neg p$ 两者之间的真值关系.

表 1-3

p	$\neg p$
真	假
假	真

典型例题

例 1 判断下列命题的真假:

(1) 2 是 3 的约数且是 4 的约数;

(2) 平行四边形对角线互相平分且 π 是无理数.

解 (1) 因为 "2 是 3 的约数" 为假命题, "2 是 4 的约数" 为真命题, 所以命题 "2 是 3 的约数且是 4 的约数" 为假命题.

(2) 因为 "平行四边形对角线互相平分" 为真命题, "π 是无理数" 为真命题, 所以命题 "平行四边形对角线互相平分且 π 是无理数" 为真命题.

例 2 判断下列命题的真假:

(1) 三角形两边之和大于第三边或两边之差小于第三边;

(2) $3 \leqslant 8$.

解 (1) 因为 "三角形两边之和大于第三边" 为真命题, "三角形两边之差小于第三边" 为真命题, 所以命题 "三角形两边之和大于第三边或两边之差小于第三边" 为真命题.

(2) "$3 \leqslant 8$" 的含义是 "$3 < 8$ 或 $3 = 8$", 因为 "$3 < 8$" 为真命题, "$3 = 8$" 是假命题, 所以命题 "$3 \leqslant 8$" 是真命题.

例 3 写出下列命题的非, 并判断其真假:

(1) p : $\sqrt{2}$ 是无理数;

(2) $q : 0.2^2 > 0.2$.

解 (1) $\neg p$: $\sqrt{2}$ 不是无理数. $\neg p$ 为假.

(2) $\neg q : 0.2^2 \leqslant 0.2$, 即 $\neg q : 0.2^2 < 0.2$ 或 $0.2^2 = 0.2$, 所以 $\neg q$ 为真.

融会贯通

通过本专题的学习发现，汽车电路中“且”“或”“非”的逻辑关系与数学上的简易逻辑关系有着密切的联系，其实汽车电路中还存在着其他的一些逻辑电路，数学上也有“如果……那么……”“当且仅当”等逻辑关系，这在数学学习中经常遇到.

践行新知

1. 判断下列命题的真假：

(1) 24 是 3 的倍数且是 7 的倍数；

(2) 矩形的对角线相等且互相平分；

(3) 一组对边平行且相等的四边形是平行四边形；

(4) 四边形四条边相等或 8 是整数；

(5) 1.8 是正整数；

(6) 相似三角形的面积相等或周长相等.

2. 写出下列命题的非，并判断其真假：

(1) p : 35 能被 5 整除；

(2) p : 2 是质数；

(3) p: 函数 $y=x$ 过点 $(0, 0)$；

(4) p : $1.2 \leqslant 5$.

【阅读资料】

乔治 · 布尔与逻辑代数

乔治 · 布尔 (George Boole, 1815—1864 年)，生于英格兰的林肯郡，是 19 世纪最重要的数学家之一.

乔治 · 布尔是皮匠的儿子，家境贫寒，所受的正规教育只限于小学和在一所商业学校的短期学习，他是一个几乎完全靠自学成材的人. 1827 年，年仅 12 岁的乔治 · 布尔就掌握了拉丁语和希腊语，后来又自学了意大利语和法语.

1835 年，20 岁的乔治 · 布尔开办了自己的私立学校. 当时的教科书有很多不足，在备课的时候他发现了教科书的许多错误，便开始更加认真地研究数学，通过不断的努力，这位只受过初步数学训练的青年自学了艰深的《天体力学》和很抽象的《分析力学》. 在孤独的研究中，他首先发现了不变量，并把这一成果写成论文发表. 这篇高质量的论文发表后，布尔仍然留在小学教书，但是他开始和许多一流的英国数学家

乔治 · 布尔

交往或通信，其中有数学家、逻辑学家德·摩根. 真正使得乔治·布尔在数学界扬名的是他在1847年出版的《逻辑学的数学分析》一书，它一问世，立即激起了德·摩根的赞扬，肯定他开辟了新的、棘手的研究科目，把逻辑简化成极为容易和简单的一种代数. 1854年，他又发表了《思维规律》，这是他最著名的著作. 在这本书中，乔治·布尔介绍了现在以他的名字命名的布尔代数. 布尔代数也叫做开关代数，亦可称为逻辑代数，它是逻辑电路和计算机技术重要的数学基础.

乔治·布尔还在数学的许多领域做出了巨大的贡献. 在他的影响下，发展起一个符号逻辑学派，该学派为使逻辑与数学统一做出了决定性的努力. 今天，布尔代数不仅在逻辑中是重要的，在概率论、点阵理论、集合论、信息论中也是很重要的. 把集合的布尔组合式解释为开关电路，也是导致产生电子计算机设计的原因. 例如，两集合的逻辑和对应于有两个并联开关的电路，而两集合的逻辑积对应于一个串联开关对.

为了纪念他，科克女王大学树立了一扇巨大的朝向东方的布尔纪念窗. 后来又修建了一座宏伟的以布尔命名的图书馆，还设立了布尔数学奖学金. 1967年，英国皇家学会以布尔的名字为月球的一个环形弹坑命名，以此作为对这位伟大数学家的永久纪念. 然而，真正的纪念是无形的，是贯穿在无数电子线路、计算机和互联网应用中的看不见摸不着，但却无时不在起着重要作用的布尔代数.

专题二 汽车中的函数

汽修专业的项目教学中，两个量之间的依存关系非常多．例如，在汽车销售中总价随着销售数量的增加而增加；在汽车爬坡度实验中坡度随着倾斜角的增大而增大；在水温传感器中电阻随着温度的升高而降低等．

函数就是描述这种变量之间依存关系的一个数学模型．

本专题将在初中所学函数知识的基础上，运用集合的观点进一步学习函数的一般概念、表示方法及单调性，利用所学的知识提高汽修专业学习中的绘图和逻辑分析能力．

第 1 讲　汽车销售中的函数概念

专业链接

近些年, 我国汽车行业飞速发展, 各种品牌的汽车 4S 店 (图 2–1) 也如雨后春笋般迅猛增长, 在销售汽车的经营过程中会用到很多函数知识.

视频 2–1
汽车车展

图 2–1

数学相关

观察思考

在初中, 我们已经学习了函数的概念: 在一个变化过程中, 有两个变量 x 和 y, 如果对于 x 的每一个确定的值, y 都有唯一确定的值与其对应, 那么我们就称 y 是 x 的**函数**, 其中 x 是**自变量**, y 是**因变量**.

例如: 某种型号的汽车定价 30 万元/辆, 卖 x 辆的收入记为 y 万元. 则 y 与 x 的关系可表示为

$$y = 30x, \quad x \in \mathbf{N}.$$

其中, x 是自变量, y 是因变量, y 是 x 的函数.

新知讲授

视频 2–2
函数的概念

下面我们用集合语言对函数的概念作进一步的描述.

设集合 A 是一个非空的数集, 对 A 内每一个元素 x, 按照某种对应法则 f, 都有唯一确定的值 y 与它对应, 则称对应法则 f 为集合 A 上的一个**函数**. 记作

$$y = f(x).$$

其中, x 为**自变量**, y 为**因变量**. 自变量 x 的取值集合 A 叫做函数的**定义域**.

对于某一个函数 $y=f(x)$, 当 x 在定义域 A 内取一个确定值 a 时, 对应的 y 值称为**函数值**, 记作 $f(a)$. 所有函数值构成的集合叫做这个函数的**值域**.

因为函数的值域被函数的定义域和对应法则完全确定, 所以函数的两个要素为**定义域**和**对应法则**.

函数的两个要素是判断两个函数是否相同的依据, 定义域和对应法则都相同的函数是同一个函数, 而与表示函数所选用的字母无关, 如函数

$$y=30x,\quad x\in \mathbf{N} \quad 和 \quad s=30t,\quad t\in \mathbf{N}$$

表示的就是同一个函数.

函数还可以表示成 $y=g(x)$ 或者 $y=h(x)$, 等等.

典型例题

例 1 已知函数 $f(x)=\dfrac{x^2+1}{2}$, 求函数值 $f(0), f(3), f(-3), f(a), f(-a)$.

解 当 x 分别等于 $0, 3, -3, a, -a$ 时, 可以分别求得

$$f(0)=\frac{0^2+1}{2}=\frac{1}{2};$$

$$f(3)=\frac{3^2+1}{2}=5;$$

$$f(-3)=\frac{(-3)^2+1}{2}=5;$$

$$f(a)=\frac{a^2+1}{2};$$

$$f(-a)=\frac{(-a)^2+1}{2}=\frac{a^2+1}{2}.$$

函数的定义域是一个非空的数集, 我们约定: 如不特别指明一个函数的定义域, 那么这个函数的定义域就是使函数有意义的自变量取值的集合.

例 2 求下列函数的定义域:

(1) $f(x)=\dfrac{1}{x+2}$;　　(2) $f(x)=\sqrt{x+3}+\dfrac{1}{x-2}$.

解 (1) 要使分式 $\dfrac{1}{x+2}$ 有意义, 必须使 $x+2\neq 0$, 即 $x\neq -2$, 所以函数的定义域是

$$\{x|x\neq -2\}.$$

(2) 要使 $\sqrt{x+3}$ 有意义, 必须使 $x+3\geqslant 0$, 即 $x\geqslant -3$; 要使 $\dfrac{1}{x-2}$ 有意义, 必须使 $x-2\neq 0$, 即 $x\neq 2$.

> **工具箱**
>
> 在分式中, 要求分母不能为零; 在偶次根式中, 要求被开方数大于或等于 0.

因此要使函数有意义，自变量 x 必须同时满足 $x \geqslant -3$ 且 $x \neq 2$，所以函数的定义域为

$$\{x|x \geqslant -3 \text{ 且 } x \neq 2\}, \quad \text{即 } [-3, 2) \cup (2, +\infty).$$

例 3 某汽车 4S 店 2016 年 10 月份购进某促销品牌汽车. 优惠活动如下: 若当月仅售出 1 辆汽车，则该辆汽车的进价为 30 万元/辆; 每多售出 1 辆，所有售出汽车的进价降低 0.2 万元/辆，每个汽车 4S 店限购 10 辆.

(1) 请写出该品牌汽车进价 y (万元/辆) 与销售量 x (辆) 之间的函数关系式;

(2) 若该 4S 店当月售出 5 辆汽车，则每辆汽车的进价为多少万元/辆?

解 (1) 由题意得

$$y = 30 - 0.2(x - 1),$$

即

$$y = 30.2 - 0.2x, \quad x \in \{x|1 \leqslant x \leqslant 10 \text{ 且 } x \in \mathbf{N}\}.$$

(2) 若当月售出 5 辆汽车，则每辆汽车的进价为

$$y = 30.2 - 0.2 \times 5 = 29.2 \text{ (万元/辆)}.$$

融会贯通

随着人类文明不断进步，专业、经济、生活等各方面，越来越明显地体现 "数学生活化，生活数学化"，越来越需要人们掌握和运用函数的知识、思想和方法，去解决生活实际当中一些问题.

践行新知

1. 口答下列各题:

(1) 函数的两要素是什么?

(2) 已知函数 $f(x) = x^2 - 2$，则 $f(0)$ 等于多少?

2. 已知函数 $f(x) = x + x^3$，求 $f(1), f(0), f(a), f(-a)$.

3. 求下列函数的定义域:

(1) $f(x) = \dfrac{1}{x-4}$; (2) $f(x) = \sqrt{x-5} + \sqrt{x+3}$.

4. "世界那么大，我想去看看" 一句话红遍网络，自驾游越来越受到人们的喜爱，各种品牌的 SUV 相继投放市场. 某汽车 4S 店计划 7 月份购进某品牌 SUV 的 A 型车和 B 型车共 50 辆，且 B 型

车的进货数量不超过 A 型车数量的两倍, A、B 两种车的进货和销售价格如下表:

	A 型车	B 型车
进价/(万元/辆)	12	15
售价/(万元/辆)	14	18

应如何进货才能使这批车获利最多?

第 2 讲 汽车销售中的函数表示法

专业链接

2016 年 9 月份开始, 济南市出租车起步价 (行程不超过 3 km 时的车费为起步价) 为 9 元; 行程超过 3 km, 但不超过 6 km 时, 在起步价的基础上, 超过 3 km 的部分收费标准为 1.50 元/km; 行程超过 6 km 时, 超过 6 km 的部分收费标准为 2.25 元/km. 你能写出出租车行驶路程和价格之间的函数关系式吗? 你能画出这个函数的图像吗? 我们先来学习函数的表示方法, 再来解决这些问题.

数学相关

观察思考

在函数的概念引例中, 某种型号的汽车定价 30 万元, 售出 x 辆的收入记为 y 万元. 则 y 是 x 的函数, 记作

$$y = 30x, \quad x \in \mathbf{N}.$$

新知讲授

一般地, 我们把这种用代数式来表示函数的方法叫做**解析法**. 这个代数式叫做**函数的解析式**.

初中学过的正比例函数 $y = kx(k \neq 0)$, 反比例函数 $y = \dfrac{k}{x}(k \neq 0)$, 一次函数 $y = kx + b(k \neq 0)$, 二次函数 $y = ax^2 + bx + c(a \neq 0)$ 等都是用解析法来表示的.

视频 2–3
函数的表示方法

表 2–1 为某品牌汽车 4S 店 2016 年上半年的汽车销售量统计表.

表 2–1

月份	1	2	3	4	5	6
销售量/辆	12	11	10	13	14	15

这种把 x 和 y 之间的对应值列成表格来表示函数的方法叫做**列表法**.

对于一个函数, 如果把自变量 x 与对应的函数值 y, 分别作为直角坐标系中的点的横坐标与纵坐标, 那么由这些点组成的图形就是这个**函数的图像**. 用函数的图像来表示函数的方法叫做**图像法**.

例如: 在汽车研发过程中, 需要对汽车各种性能进行一系列的测试实验, 图 2–2 是一新型家用小汽车在高速公路上行驶时, 油量随时间变化的测试数据图像.

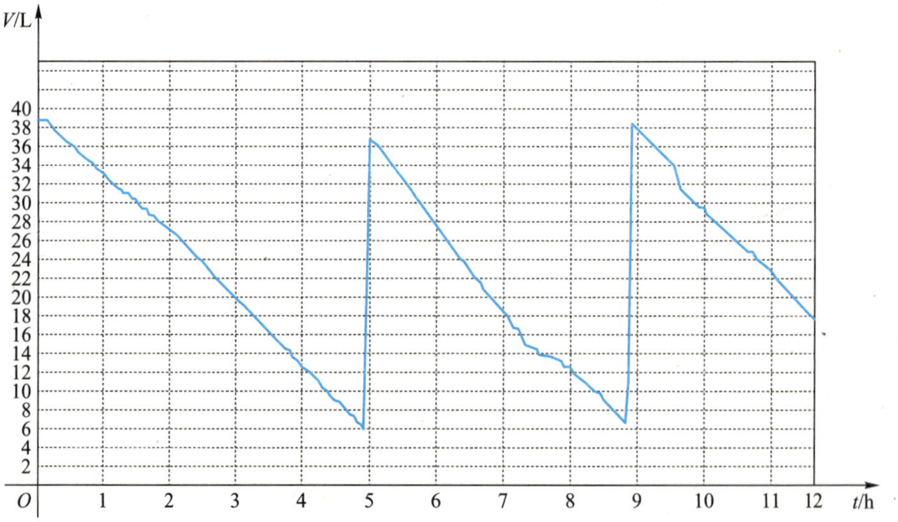

图 2–2

由函数的概念可知, 这个图像就是一个函数, 它表示油量随时间变化的一种函数关系. 用图像法表示函数在今后的学习中经常用到.

我们知道, 初中学过的正比例函数 $y = kx(k \neq 0)$ 的图像是一条经过坐标原点的直线; 反比例函数 $y = \dfrac{k}{x}(k \neq 0)$ 的图像是双曲线; 一次函数 $y = kx + b(k \neq 0)$ 的图像是一条直线; 二次函数 $y = ax^2 + bx + c(a \neq 0)$ 的图像是一条抛物线.

典例例题

例 1 某汽车 4S 店购进某品牌汽车 4 辆, 定价为 18 万元/辆, 试用三种方法表示月销售量 x (辆) 和月销售额 y (万元) 之间的函数关系.

解 这个函数的定义域是 $\{0, 1, 2, 3, 4\}$.

(1) 用解析法可将函数表示为

$$y = 18x, \quad x \in \{0, 1, 2, 3, 4\}.$$

(2) 用列表法表示函数如表 2–2 所示.

表 2–2

月销售量 x/辆	0	1	2	3	4
月销售额 y/万元	0	18	36	54	72

(3) 以表 2–2 中的 x 值为横坐标, 对应的 y 值为纵坐标, 在直角坐标系中依次描出点 $(0, 0), (1, 18), (2, 36), (3, 54), (4, 72)$, 如图 2–3 所示, 得出图像法表示的函数.

例 2 作函数 $f(x) = |x - 1|$ 的图像.

解 由绝对值的概念, 已知函数可表示为

$$f(x) = \begin{cases} x - 1, & x \in [1, +\infty), \\ 1 - x, & x \in (-\infty, 1). \end{cases}$$

如图 2–4 所示, 当 $x \in [1, +\infty)$ 时, $f(x) = x - 1$, 它的图像是一条射线; 当 $x \in (-\infty, 1)$ 时, $f(x) = 1 - x$, 它的图像是一条不含端点的射线.

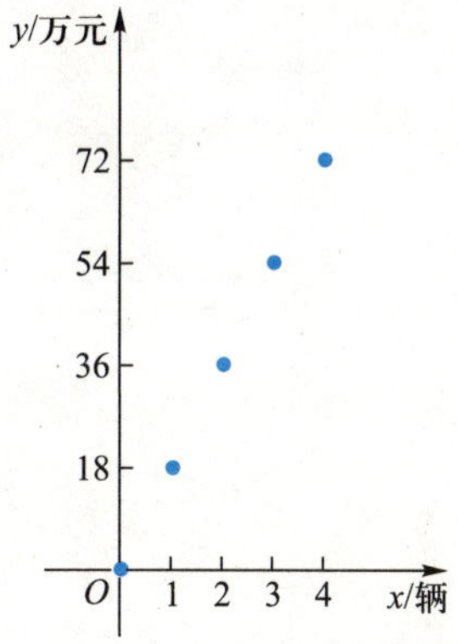

图 2–3

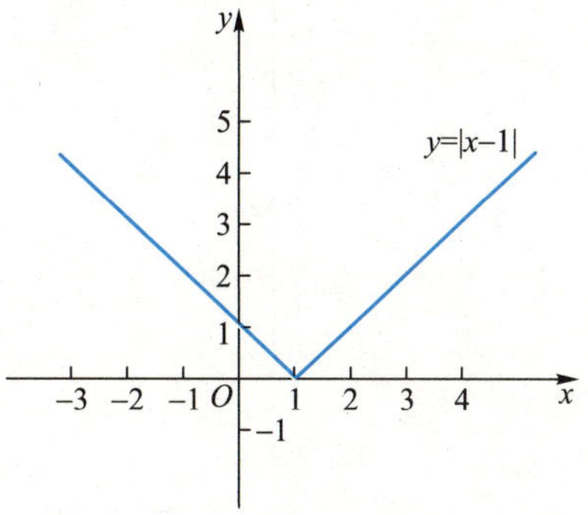

图 2–4

像例 2 这样, 在函数定义域内, 对于自变量 x 的不同取值范围, 有着不同的对应法则, 这样的函数通常叫做**分段函数**.

> **想一想**
>
> 为什么这个函数的图像不是连接这些点的一条线段或直线呢?

> **工具箱**
>
> 一个正数的绝对值是它本身, 一个负数的绝对值是它的相反数, 0 的绝对值是 0.

> **试一试**
>
> 在图 2–4 中, 请你画出函数 $y = 3$ 的图像, 并找出满足 $|x - 1| \leqslant 3$ 的 x 的取值范围.

融会贯通

画函数图像的一般方法 —— 描点法的步骤:

(1) 写解析式: 根据题意确定函数的解析式和定义域;

(2) 列表: 选取自变量 x 的若干值 (一般选取某些代表性的值) 计算出它们对应的函数值 y, 列出表格;

(3) 描点: 以表格中 x 值为横坐标, 对应 y 值为纵坐标, 在直角坐标系中描出相应的点 (x, y);

(4) 连线: 根据题意确定是否将描出的点连接成光滑的曲线.

试写出本讲【专业链接】中, 出租车行驶路程 x (km) 和车费 y (元) 之间的函数关系式, 并画出函数图像.

解 因为出租车行驶路程 $x \in (0, 3]$ 时, 车费为 9 元; 行驶路程 $x \in (3, 6]$ 时, 车费为 $9 + 1.5(x - 3)$; 行驶路程 $x \in (6, +\infty)$ 时, 车费为 $9 + 1.5(6 - 3) + 2.25(x - 6)$, 即 $13.5 + 2.25(x - 6)$.

所以出租车行驶路程 x 和价格 y 之间的函数关系式为

$$y = \begin{cases} 9, & x \in (0, 3], \\ 9 + 1.5(x - 3), & x \in (3, 6], \\ 13.5 + 2.25(x - 6), & x \in (6, +\infty). \end{cases}$$

整理得

$$y = \begin{cases} 9, & x \in (0, 3], \\ 1.5x + 4.5, & x \in (3, 6], \\ 2.25x, & x \in (6, +\infty). \end{cases}$$

最后, 利用描点法作出函数图像, 如图 2–5 所示.

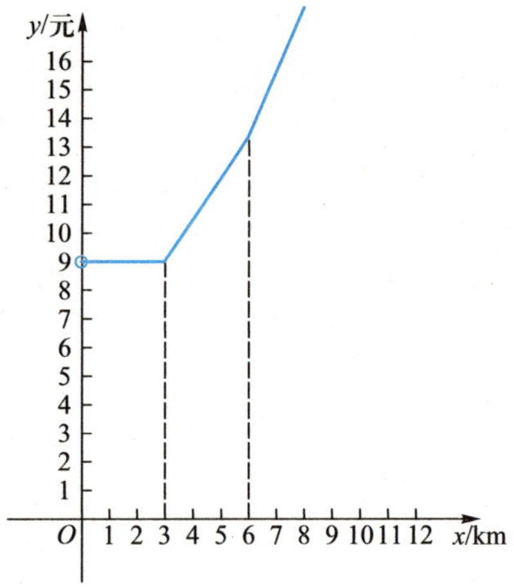

图 2–5

践行新知

1. 口答下列各题:

(1) 函数的表示法有哪几种?

(2) 已知函数 $y = f(x)$ 的图像如图所示, 说出函数的定义域、最大值、最小值及 $f(0)$ 的值.

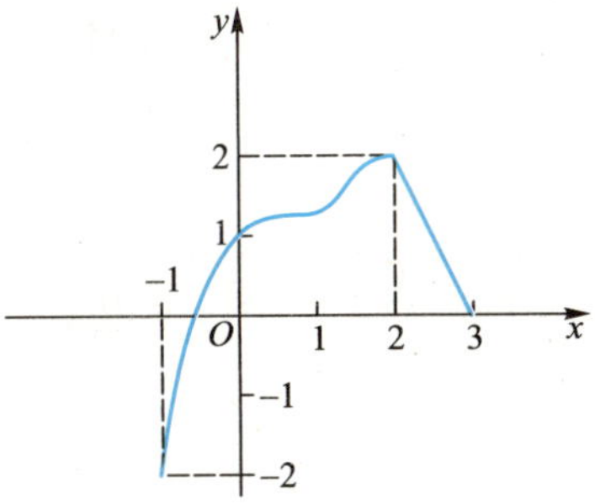

第 1 题图

2. 作出下列函数的图像，并写出函数的定义域：

(1) $y = 2x$;　　　　(2) $y = \dfrac{1}{x}$;

(3) $y = x^2, x \in [-1, 2]$;　　　　(4) $y = -x + 1$.

3. 作函数 $y = \begin{cases} x+2, & x \in [1,3], \\ 3, & x \in (-1,1), \\ -x, & x \in [-3,-1] \end{cases}$ 的图像.

第 3 讲　传感器中的函数单调性

专业链接

如图 2–6 所示，节气门位置传感器在示波器中显示的两个图像是以电阻阻抗为自变量，以输出电压为因变量的函数图像. 像这种函数图像呈上升或者下降趋势的性质称为函数的单调性，这一讲我们就来探究函数的单调性.

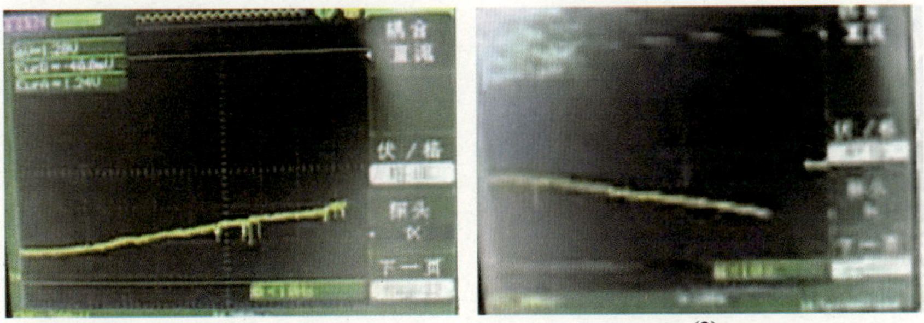

(1)　　　　(2)

图 2–6

数学相关

观察思考

观察下列两个函数图像 (图 2–7)，并试着说出它们的特点.

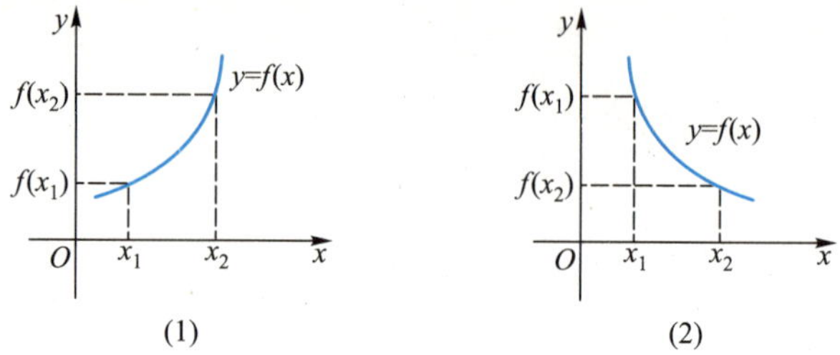

图 2–7

视频 2–4
传感器中的函数单调性

新知讲授

如图 2–7, 一般地, 对于函数 $y = f(x)$ 在给定的区间 A 上的任意两个不相等的值 x_1, x_2, 且 $x_1 < x_2$, 若 $f(x_1) < f(x_2)$, 则称函数 $y = f(x)$ 是区间 A 上的**增函数**, 区间 A 称作函数 $y = f(x)$ 的**递增区间**; 若 $f(x_1) > f(x_2)$, 则称函数 $y = f(x)$ 是区间 A 上的**减函数**, 区间 A 称作函数 $y = f(x)$ 的**递减区间**.

如果函数 $y = f(x)$ 在某个区间上是增函数或减函数, 那么就说函数 $y = f(x)$ 在这一区间上具有 (严格的) **单调性**, 这一区间叫做函数 $y = f(x)$ 的**单调区间**.

典型例题

例 1 如图 2–8 是加速传感器在示波器中的波形图, 根据图像指出函数 $y = f(x)$ 的单调区间, 并指出在每一个单调区间上函数 $y = f(x)$ 的单调性.

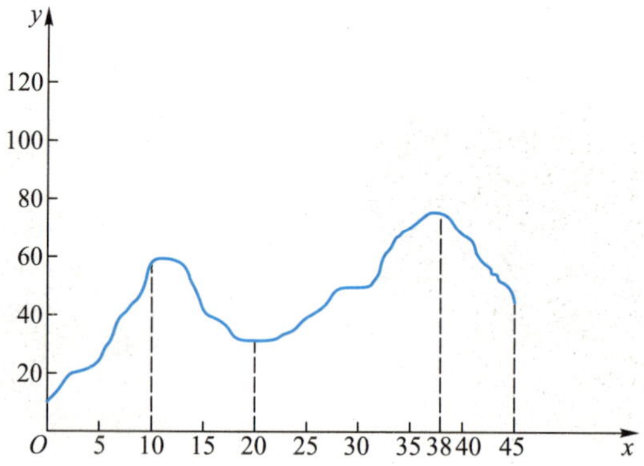

图 2–8

解 函数 $y = f(x)$ 的单调区间有

$$[0, 10], [10, 20], [20, 38], [38, 45].$$

函数 $y = f(x)$ 在区间 $[0, 10], [20, 38]$ 上是增函数; 在区间 $[10, 20], [38, 45]$ 上是减函数.

例 2 图 2–9 是函数 $f(x)=3x+2$ 的图像，判断其单调性，并加以证明.

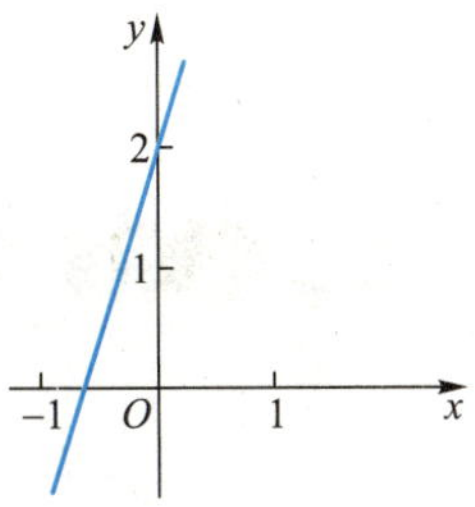

图 2–9

解 由图 2–9 可以看出，函数 $f(x)=3x+2$ 在 $\mathbf{R}$ 上是增函数. 证明如下：

设 x_1, x_2 是任意两个不相等的实数，且 $x_1<x_2$，则

$$x_1-x_2<0,\quad f(x_1)=3x_1+2,\quad f(x_2)=3x_2+2.$$

因为

$$\begin{aligned}&f(x_1)-f(x_2)\\=&(3x_1+2)-(3x_2+2)\\=&3(x_1-x_2)<0,\end{aligned}$$

所以 $f(x_1)<f(x_2)$.

由增函数的定义可知，函数 $f(x)=3x+2$ 在 $\mathbf{R}$ 上是增函数.

对于用解析式表示的函数，其单调性可以通过定义来判断，也可以作出函数的图像，通过观察图像来判断，如本例中，从函数 $f(x)=3x+2$ 的图像就可直观看出它在其定义域上是增函数. 无论采用哪种方法都要首先确定函数的定义域.

例 3 证明函数 $f(x)=\dfrac{3}{x}$ 在区间 $(-\infty, 0)$ 上是减函数.

视频 2–5
定义法判断函数的单调性

证明 设任意 $x_1, x_2\in(-\infty, 0)$，且 $x_1<x_2$，则

$$f(x_1)=\frac{3}{x_1},\quad f(x_2)=\frac{3}{x_2},$$

$$f(x_1)-f(x_2)=\frac{3}{x_1}-\frac{3}{x_2}=\frac{3(x_2-x_1)}{x_1x_2}.$$

因为 $x_1<0, x_2<0, x_1<x_2$，所以

$$\frac{3(x_2-x_1)}{x_1x_2}>0,$$

即

$$f(x_1)>f(x_2).$$

由减函数的定义可知，函数 $f(x)=\dfrac{3}{x}$ 在区间 $(-\infty, 0)$ 上是减函数.

融会贯通

在丰田卡罗拉轿车发动机试验台上，根据图 2–10 给出的水温传感器数据检测的步骤，录制检测视频，并根据绘制出的图像判断

水温传感器是否损坏.

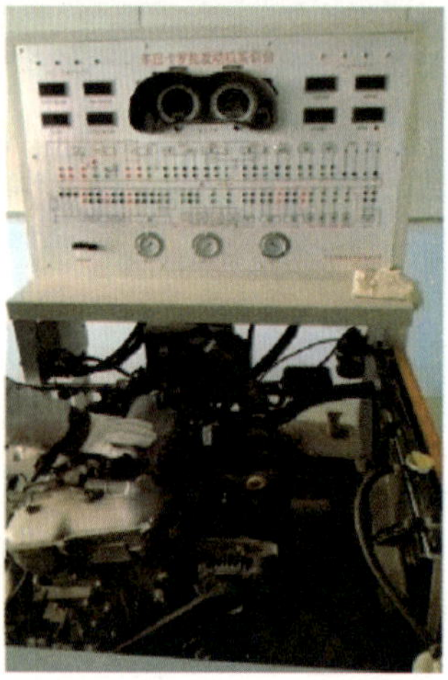

卡罗拉轿车发动机水温传感器检测

检测步骤：

(1)拆卸水温传感器；

(2)分5个温度段进行检测；

(3)记录相关数据；

(4)绘制温度与电阻变化曲线；

(5)参照标准数据分析传感器是否损坏.

图 2–10

视频 2–6

水温传感器检测

践行新知

1. 已知函数 $y = f(x)$ 在区间 $[-3, 4]$ 上的图像如下图所示, 根据图像说出函数的单调区间, 以及在每一个区间上函数的单调性.

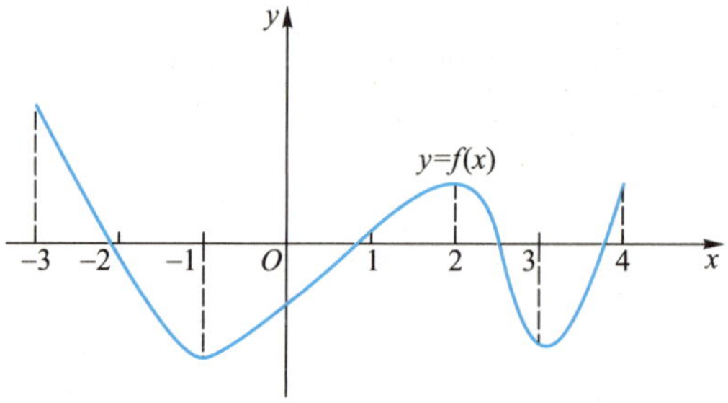

第 1 题图

2. 判断下列函数的单调性:

(1) $f(x) = 5x + 1$;

(2) $f(x) = -4x + 3$.

3. 证明函数 $f(x) = \dfrac{1}{x}$ 在区间 $(0, +\infty)$ 上是减函数.

【阅读资料】

函数概念的产生

“在大多数的学科里, 一代人的建筑为下一代人所拆毁, 一个人的创造被另一个人所破坏. 唯独数学, 每一代人都在古老的大厦上添加一层楼.” 这段话形象地说明了数学需要不断继承前人的成果进行再创造, 是一代又一代数学家智慧的结晶.

了解数学史，就深知今天的数学不是凭空而降的，抽象的数学概念其实抽象得自然而合理，看似冰冷的形式化的数学其实是孕育着生动活泼的数学思维的精神产品．了解函数概念发展的脉络，有助于我们把握函数的数学实质，感悟数学抽象严谨的思维．

函数思想的萌芽——从几何观念上对函数的初步探讨

函数概念的起源，最初和人们对运动的研究有密切的联系．在描述物体运动的曲线时，人们提出变量的概念．

意大利科学家伽利略(1564—1642年)关于自由落体、单摆的研究，就包含着两个量同时变化的思想．伽利略指出："从静止开始的匀加速下降的物体，其经过的距离与所用的时间的平方成正比．" 17世纪上半叶，法国著名数学家笛卡儿(1596—1650年)指出，当动点做曲线运动时，动点的 x 坐标和 y 坐标相互依赖并同时发生变化．可见此时人们已经力图用严谨的数学方式精确研究物理世界变化现象，尽管当时还没有正式提出函数的概念，但却已经有了函数思想的萌芽．

函数概念的初步形成——从代数观念上看函数

函数 "function" 作为数学术语是德国数学家莱布尼茨(1646—1716年)首次使用的，用来表示"幂"，表示任何一个随着曲线上动点运动而变化的量，如曲线上点的纵坐标．在他的著作《历史》(1714年)中用函数一词来表示依赖于一个变量的量．

1718年瑞士数学家约翰·伯努利(1667年)在莱布尼茨函数概念的基础上对函数给出了如下定义："一个变量的函数是指由这个变量和一些数和常量的任何一种方式组成的一种量．" 18世纪著名的数学家欧拉(1707—1783年)推广了约翰·伯努利的定义："一个变量的函数是由该变量和一些数和常量的任何一种方式构成的解析表达式．" 1734年欧拉还给出了非常形象的函数符号 $f(x)$，这个符号一直沿用至今．

函数概念的确立——用对应的观点看函数

18世纪后半叶，欧拉和拉格朗日在关于弦振动的研究中，开始允许函数在不同的区域上有不同的表达式．

1821年，柯西给出了函数的如下定义："在某些变数间存在着一定的关系，当一经给定其中某一变数的值，其他变数的值可随之而确定时，则将最初的变数叫做自变量，其他各变数叫做函数．" 定义中首先出现了自变量一词，同时指出对函数来说不一定要有解析表达式，不过他仍然认为希望用"自变量"来表示"其他的量"．

1822年法国数学家傅里叶(1768—1830年)的工作则根本改变了函数的面貌，他发现某些函数未必有唯一的表达式，从而结束了函数概念是否以唯一一个解析式表示的争论，把对函数的认识又推进了一个新层次．

1837年，德国著名数学家狄利克雷指出："对于在某区间上的每一个确定的 x 值，y 都有一个确定的值，那么 y 叫做 x 的函数．" 这个定义以清晰的方式被所有数学家接受．这就是人们常说的经典函数定义，也就是现在初中教科书中给出的函数的定义.

函数概念的再次发展——从集合映射的角度看函数

19 世纪末到 20 世纪初,把函数作为一种对应或者映射的思想已经完成. 如果说前面两个世纪人们更关注函数的解析式,那么 20 世纪的数学家开始关注自变量的取值范围. 当康托尔 (1845—1918 年) 创立的集合论在数学中占有重要地位之后,函数概念发展成一个集合到另一个集合的映射,通过集合概念把函数的对应关系、定义域及值域进一步具体化了,且打破了“变量是数”的局限,变量可以是数,也可以是其他对象. 函数的概念再次发展之后,函数概念应用的范围也随之拓广了. 例如计算机编程语言中广泛使用的函数概念,就是数学中函数概念的推广. 今天,函数的应用已经渗透到数学、自然科学乃至人文科学的各个领域. 大量的重要数学问题和实际问题,都需要归结到特定函数计算,函数是纯数学与应用数学的灵魂.

专题三 示波器中的正弦型函数

在电学中，经常见到正弦交流电波形图，单相电动势、三相电动势波形图，交流电电压波形图（图 3-1 (1)）以及汽车的转速传感器在示波器上输出的波形图（图 3-1 (2)），而这些波形图都近似于我们数学上的正弦型函数图像，很多性质如周期，频率，峰值等都与数学知识密切相关.

本专题主要学习正弦函数图像以及正弦型函数图像的变换，振幅、周期、频率、角速度（角频率）、初相等概念.学习这些知识及其蕴含的思想方法，可以提高同学们的基本数学素养，为进一步学好汽修理论知识打好坚实基础.

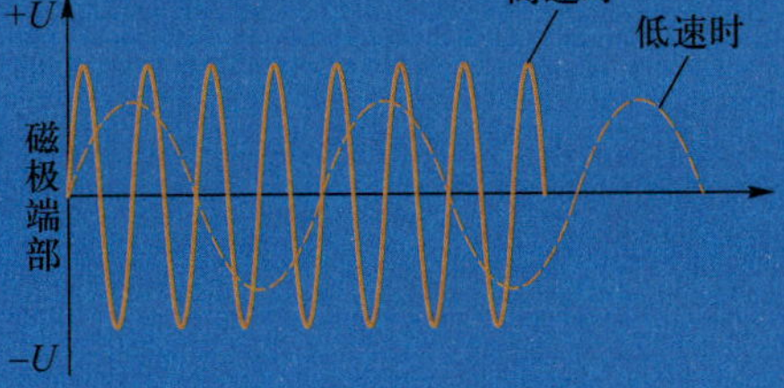

(1)

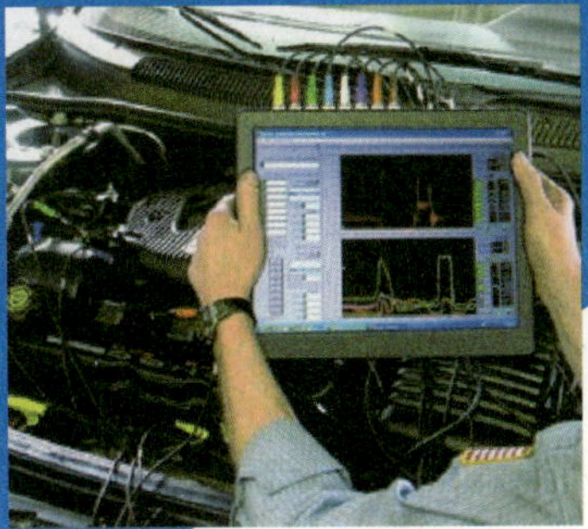

(2)

(3)

AR

图 3-1

第 1 讲　正弦函数图像与性质

专业链接

我们日常生活用电都是正弦交流电，频率是 50 Hz，电压是 220 V，那么，正弦交流电的波形图是什么样子的呢？本讲将通过观察正弦函数图像来研究其性质.

数学相关

观察思考

在研究三角函数的图像和性质时，我们通常采用弧度制来度量角，记为 x，表示自变量，用 y 表示函数值. 于是，正弦函数表示为

$$y = \sin x.$$

由正弦函数的定义可知，正弦函数 $y = \sin x$ 的定义域是实数集 $\mathbf{R}$.

由 $\sin(x + 2k\pi) = \sin x\ (k \in \mathbf{Z})$ 可知，正弦函数值是按一定规律变化的. 当自变量 x 每增加 2π 的整数倍时，正弦函数的值就重复出现一次. 这种性质称为正弦函数的**周期性**.

一般地，对于函数 $y = f(x)$，如果存在一个非零常数 T，使得定义域内的每一个 x 值，都满足

$$f(x + T) = f(x),$$

那么就把函数 $y = f(x)$ 叫做**周期函数**，常数 T 叫做这个函数的**周期**. 对于一个周期函数来说，如果在它的所有周期中存在一个最小的正数，那么这个数就叫做函数的**最小正周期**.

由 $\sin(x + 2k\pi) = \sin x(x \in \mathbf{Z})$ 可知，正弦函数 $y = \sin x$ 是周期函数，$2k\pi(k \in \mathbf{Z}, k \neq 0)$ 都是它的周期，2π 是它的最小正周期. 一般地，提到三角函数的周期都是指最小正周期.

新知讲授

下面用描点法作出正弦函数 $y = \sin x$ 在一个周期 $[0, 2\pi]$ 上的图像.

在区间 $[0, 2\pi]$ 上找若干个点（包括端点），并求得对应点的函数值，列出表格（表 3–1）. 这里找的点越多，图像越精确.

以表中的 x, y 值为坐标，在直角坐标系内描出点 (x, y)，如图 3–2 所示.

视频 3–1
正弦函数图像与性质

表 3–1

x	0	$\frac{\pi}{6}$	$\frac{\pi}{3}$	$\frac{\pi}{2}$	$\frac{2\pi}{3}$	$\frac{5\pi}{6}$	π	$\frac{7\pi}{6}$	$\frac{4\pi}{3}$	$\frac{3\pi}{2}$	$\frac{5\pi}{3}$	$\frac{11\pi}{6}$	2π
y	0	$\frac{1}{2}$	$\frac{\sqrt{3}}{2}$	1	$\frac{\sqrt{3}}{2}$	$\frac{1}{2}$	0	$-\frac{1}{2}$	$-\frac{\sqrt{3}}{2}$	-1	$-\frac{\sqrt{3}}{2}$	$-\frac{1}{2}$	0

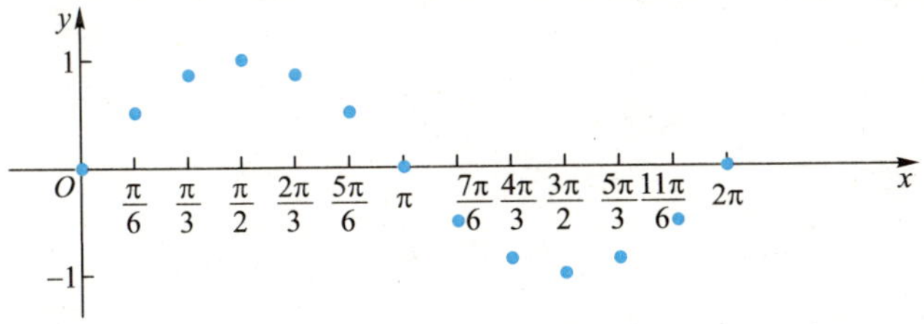

图 3–2

用光滑曲线依次连接各点，得到正弦函数 $y = \sin x$ 在区间 $[0, 2\pi]$ 上的图像，如图 3–3 所示.

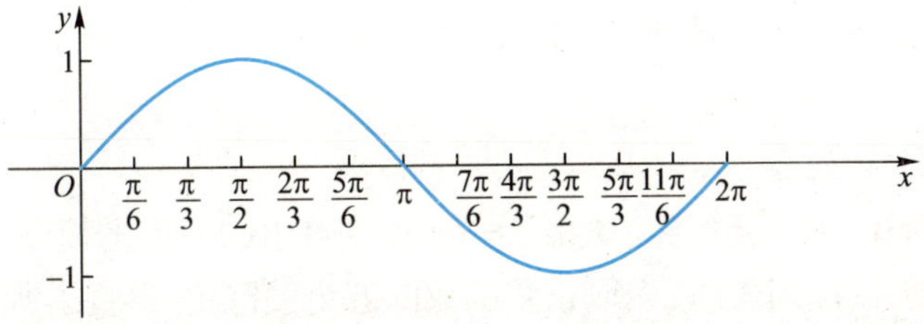

图 3–3

利用函数的周期性，将一个周期内的图像沿 x 轴分别向左、向右平移 $2\pi, 4\pi, \cdots$，就可得出函数 $y = \sin x$ 在 $\mathbf{R}$ 上的图像（图 3–4）. 这个图像叫做正弦曲线.

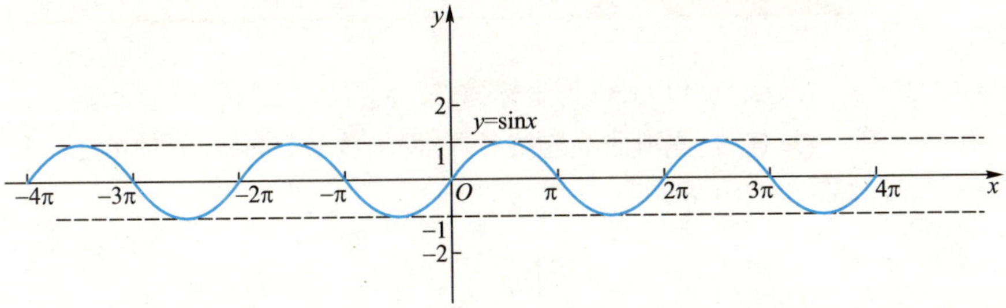

图 3–4

我们观察发现，

当 $x = \frac{\pi}{2} + 2k\pi, k \in \mathbf{Z}$ 时，y 取最大值 1，记作 $y_{\max} = 1$；当 $x = \frac{3\pi}{2} + 2k\pi, k \in \mathbf{Z}$ 时，y 取最小值 -1，记作 $y_{\min} = -1$. 即函数值 y 的变化范围是 $[-1, 1]$，故正弦函数 $y = \sin x$ 值域为 $[-1, 1]$.

视频 3-2
五点法作图

通过前面的学习，我们知道作为周期函数的正弦函数，在长度为 2π 的区间，如在 $[-2\pi, 0]$，$[0, 2\pi]$，$[2\pi, 4\pi]$ 等上的图像相同. 所以我们主要来研究正弦函数 $y = \sin x$ 在一个周期 $[0, 2\pi]$ 上的图像 (图 3–5).

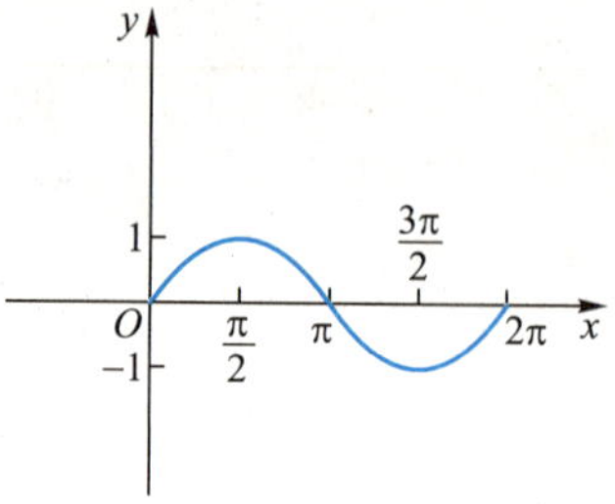

图 3–5

仔细观察正弦函数 $y = \sin x$ 在一个周期 $[0, 2\pi]$ 上的图像，对图像形状起关键作用的有五个“关键点”，这五个点具体是

$$(0,0), \left(\frac{\pi}{2}, 1\right), (\pi, 0), \left(\frac{3\pi}{2}, -1\right), (2\pi, 0).$$

有了这五个点，正弦函数在 $[0, 2\pi]$ 上的图像就可以大致确定了. 因此，在精确度要求不高时，我们就常找到这五个关键点，然后用光滑曲线把它们连接起来，从而得到正弦函数在 $[0, 2\pi]$ 上的简图，这种作图方法叫做“**五点法**”.

典型例题

例 1 用“五点法”做出 $y = \sin x + 1$ 在 $[0, 2\pi]$ 上的简图.

解 (1) 列表：首先取正弦函数的五个关键点，再算出所给函数对应的函数值 (表 3–2).

表 3–2

x	0	$\frac{\pi}{2}$	π	$\frac{3\pi}{2}$	2π
$\sin x$	0	1	0	−1	0
$y = \sin x + 1$	1	2	1	0	1

(2) 描点：以 (x, y) 为坐标描点.

(3) 连线：光滑曲线连接各点，得函数 $y = \sin x + 1$ 在 $[0, 2\pi]$ 上的简图 (图 3–6).

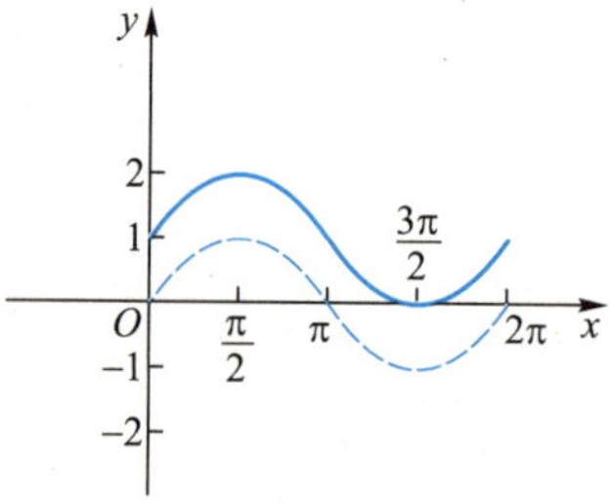

图 3–6

例 2　求使函数 $y=5+\sin x$ 取最大值、最小值的 x 的取值范围，并求这个函数的最大值、最小值.

解　当 $\sin x$ 取最大值 1 时，$y_{max}=5+1=6$，此时 x 的取值范围是 $\{x|x=\frac{\pi}{2}+2k\pi, k\in\mathbf{Z}\}$；当 $\sin x$ 取最小值 -1 时，$y_{min}=5+(-1)=4$，此时 x 的取值范围是 $\{x|x=\frac{3\pi}{2}+2k\pi, k\in\mathbf{Z}\}$.

例 3　作函数 $y=1-\sin x$ 在 $[0,2\pi]$ 上的简图.

解　(1) 列表.

表 3-3

x	0	$\frac{\pi}{2}$	π	$\frac{3\pi}{2}$	2π
$\sin x$	0	1	0	−1	0
$y=1-\sin x$	1	0	1	2	1

(2) 描点：以表 3-3 中 x, y 值为坐标描点.

(3) 连线：光滑曲线连接各点，得函数 $y=1-\sin x$ 在 $[0,2\pi]$ 上的简图 (图 3-7).

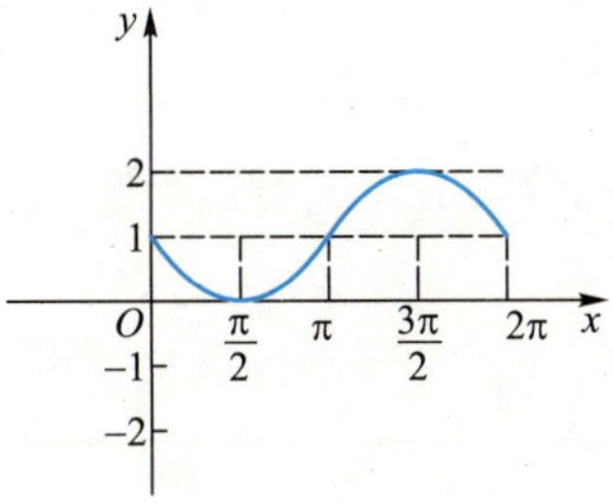

图 3-7

融会贯通

借助几何画板画正弦函数的图像，并在画图过程中观察正弦函数的周期性，得到值域及其最值. 利用“五点法”作图更加简便，便于观察出函数在某一周期内的性质，其中“五点法”作图步骤为列表、描点、连线，注意五个点的选择.

践行新知

1. 用“五点法”作函数 $y=2+\sin x$ 在 $[0,2\pi]$ 上的简图.

2. 求使下列函数取最大值、最小值的 x 的取值范围，并求函数的最大值、最小值.

(1) $y=3+\sin x$；　　(2) $y=2-\sin x$.

第 2 讲　振幅 A 的奥秘

专业链接

电工电子中，交流电电压、电流的强弱是通过什么参数反映的呢？对于同频同相的两个交流电如何比较它们的电压或电流的强弱呢？这就是本讲要研究的振幅.

数学相关

观察思考

在上一讲中，我们学习了正弦函数 $y = \sin x$ 的图像与性质，知道可以利用“五点法”作出函数 $y = \sin x$ 在一个周期内的简图. 那么，如何利用“五点法”作出函数 $y = A\sin x$ 在一个周期内的简图呢？它又是由函数 $y = \sin x$ 的图像又经过怎样的变换得到的呢？下面以函数 $y = 2\sin x$ 与函数 $y = \frac{1}{2}\sin x$ 为例说明.

新知讲授

用“五点法”作函数 $y = 2\sin x$ 与函数 $y = \frac{1}{2}\sin x$ 在周期 $[0, 2\pi]$ 内的简图.

列表：取正弦函数的五个关键点，算出所给函数对应的函数值，列出表格（表 3–4）.

视频 3–3
振幅 A 的奥秘

表 3–4

x	0	$\frac{\pi}{2}$	π	$\frac{3\pi}{2}$	2π
$\sin x$	0	1	0	-1	0
$y = 2\sin x$	0	2	0	-2	0
$y = \frac{1}{2}\sin x$	0	$\frac{1}{2}$	0	$-\frac{1}{2}$	0

试一试

函数 $y = \sin x$ 的图像经过怎样的变换得到函数 $y = 4\sin x$ 的图像呢？

描点：以 (x, y) 为坐标描点.

连线：用光滑曲线连接各点，得函数 $y = 2\sin x$ 与函数 $y = \frac{1}{2}\sin x$ 在一个周期 $[0, 2\pi]$ 内的简图（图 3–8）.

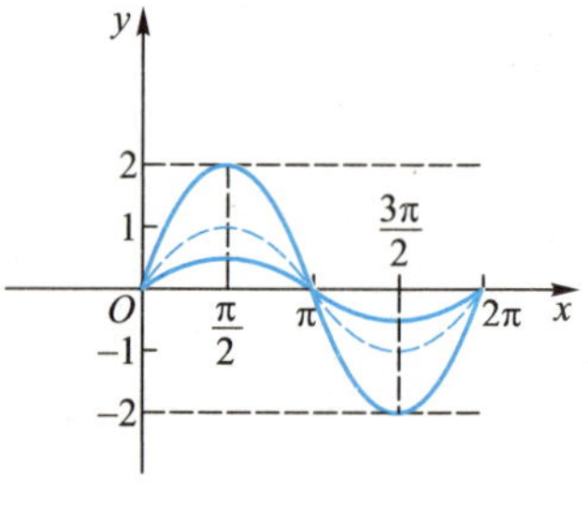

图 3–8

观察这两个图像，不难看出，将函数 $y = \sin x$ 的图像上各点的纵坐标扩大到原来的 2 倍，横坐标不变，就得到函数 $y = 2\sin x$ 的图像；将函数 $y = \sin x$ 的图像上各点的纵坐标缩小到原来的 $\frac{1}{2}$，横坐标不变，

就得到函数 $y=\frac{1}{2}\sin x$ 的图像.

所以, 函数 $y=A\sin x$ (其中 $A>0$) 的图像可看作把函数 $y=\sin x$ 的图像上所有点的纵坐标扩大 ($A>1$ 时) 或缩小 ($0<A<1$ 时) 到原来的 A 倍 (横坐标不变) 而得到. A 引起图像的纵向伸缩, 决定函数的最大 (最小) 值, 我们把 $|A|$ 叫做**振幅**.

典型例题

例 1 说说函数 $y=\sin x$ 的图像经过怎样的变换得到下列函数的图像:

(1) $y=3\sin x$; (2) $y=\frac{1}{3}\sin x$.

解 (1) 将函数 $y=\sin x$ 的图像上各点的纵坐标扩大到原来的 3 倍, 横坐标不变, 就得到函数 $y=3\sin x$ 的图像.

(2) 将函数 $y=\sin x$ 的图像上各点的纵坐标缩小到原来的 $\frac{1}{3}$, 横坐标不变, 就得到函数 $y=\frac{1}{3}\sin x$ 的图像.

例 2 观察函数 $f(x)=A\sin x$ 在一个周期内的简图 (图 3–9), 求 (1) 振幅 A; (2) $f\left(\frac{\pi}{3}\right)$.

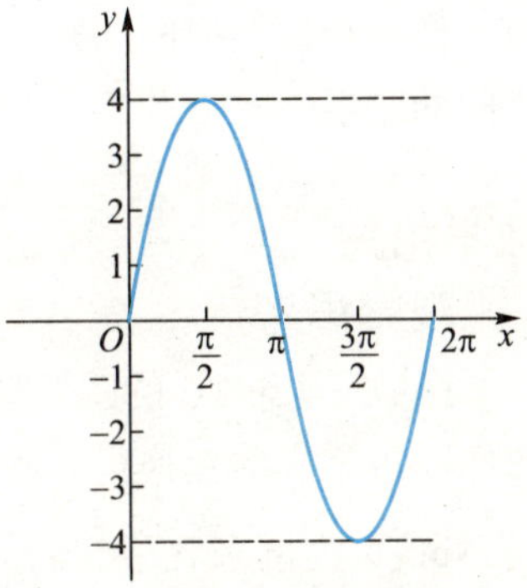

图 3–9

解 (1) 由已知图像可以看出该函数最大值是 4, 最小值是 −4, 所以振幅 A 为 4, 即该函数表达式为 $y=4\sin x$.

(2) 将 $x=\frac{\pi}{3}$ 代入表达式即可求出相应的函数值. 即 $f\left(\frac{\pi}{3}\right)=4\times\sin\frac{\pi}{3}=4\times\frac{\sqrt{3}}{2}=2\sqrt{3}$.

融会贯通

实际上, 振幅在汽车电工电子课上经常见到, 比如交流电电压 $u=U_m\sin t$, 其中 U_m 就是电压的最大值, 即极值或峰值. 可以根据图像求三角函数表达式中的振幅.

践行新知

1. 说出下列函数的图像可以由函数 $y=\sin x$ 的图像经过怎样的变换得到:

(1) $y=6\sin x$; (2) $y=4\sin x$;

(3) $y=\frac{1}{4}\sin x$;　　　　(4) $y=\frac{1}{6}\sin x$.

2. 作出函数 $y=5\sin x, x\in[0,2\pi]$ 与函数 $y=\sin x, x\in[0,2\pi]$ 的图像, 并观察它们之间的关系.

3. 已知交流电电压函数表达式为 $u=6\sin t$, 求在 $t=\frac{\pi}{2}$ 时刻的整流电压值.

第 3 讲　神奇的 ω

专业链接

汽车防抱死制动系统 (ABS) 是为了防止或减少刹车时产生侧滑、掉头、旋转等危险状况而研制的, 它在制动过程中防止车轮被制动抱死, 提高汽车的方向稳定性和转向操纵能力, 缩短制动距离.ABS 的控制需要一个重要的参数就是轮子的转速, 控制系统通过转速传感器可获得一个频率与转速成正比的正弦型函数的波形, 这个波形的频率可准确地反映出转速, 通过角速度 ω 可以顺利求出波形的频率. 本讲通过研究角速度 ω 的变化, 观察正弦函数图像是如何变换的, 并学习角速度, 周期, 频率等概念以及它们之间的联系.

数学相关

观察思考

函数 $y=\sin\omega x$ 的图像是怎样的呢? 它可以由函数 $y=\sin x$ 的图像经过怎样的变换得到呢? 下面我们以函数 $y=\sin 2x$ 与函数 $y=\sin\frac{1}{2}x$ 为例来观察它们的图像特点以及与函数 $y=\sin x$ 的图像相互之间的变换关系.

视频 3–4
神奇的 ω

新知讲授

利用五点法通过列表 (表 3–5)、描点、连线可以作出函数 $y=\sin 2x$ 在一个周期上的简图, 如图 3–10 所示.

表 3–5

x	0	$\frac{\pi}{4}$	$\frac{\pi}{2}$	$\frac{3\pi}{4}$	π
$2x$	0	$\frac{\pi}{2}$	π	$\frac{3\pi}{2}$	2π
$y=\sin 2x$	0	1	0	−1	0

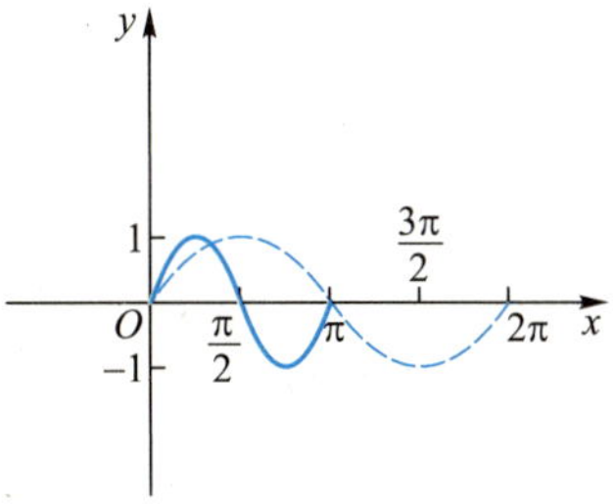

图 3–10

实际上我们也可以借助数学软件几何画板来作函数图像, 比如:

当 $\omega = 1$ 时, 函数 $y = \sin x$ 的图像如图 3–11 所示;

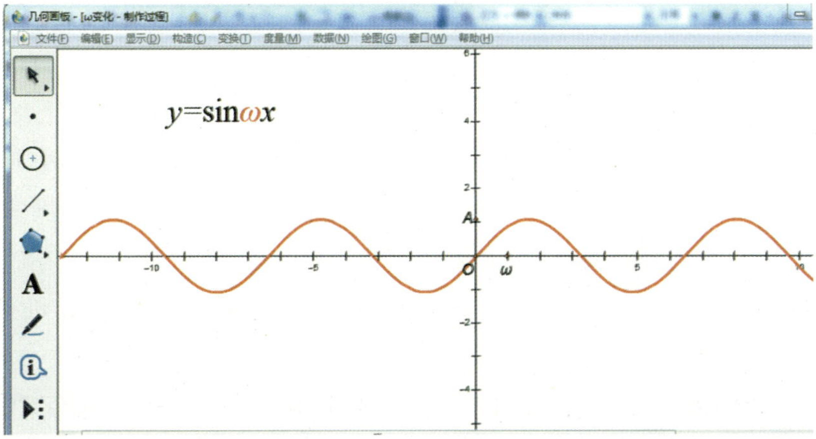

图 3–11

当 $\omega = 2$ 时, 函数 $y = \sin 2x$ 的图像如图 3–12 所示;

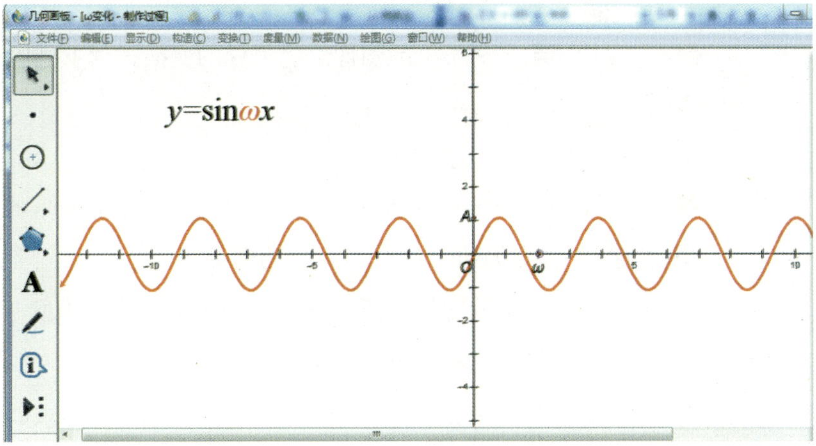

图 3–12

当 $\omega = \dfrac{1}{2}$ 时, 函数 $y = \sin \omega x$ 的图像如图 3–13 所示.

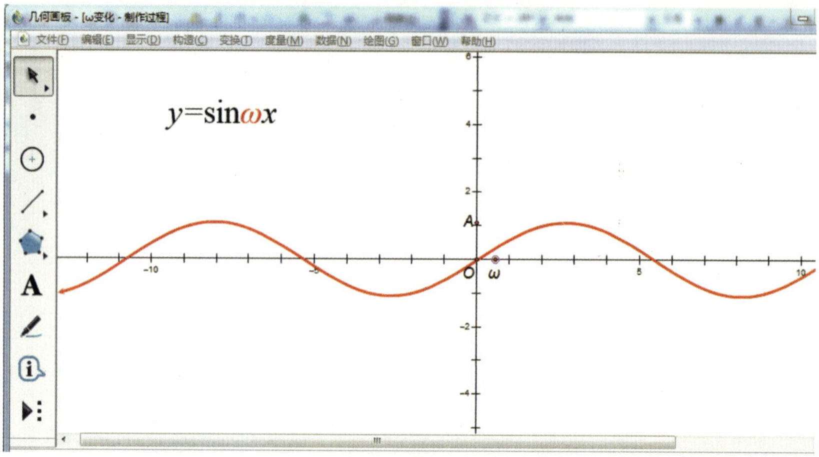

图 3–13

可以看出，$\omega = 1$ 时，图像为 $y = \sin x$ 的图像；当 $\omega = 2$ 时，图像变为函数 $y = \sin x$ 图像上每个点的纵坐标不变，横坐标缩小为原来的 $\frac{1}{2}$；当 $\omega = \frac{1}{2}$ 时，图像变为函数 $y = \sin x$ 图像上每点的纵坐标不变，横坐标扩大为原来的 2 倍.

所以，函数 $y = \sin \omega x\ (\omega > 0)$ 的图像，可看作把函数 $y = \sin x$ 图像上所有点的横坐标扩大 $(0 < \omega < 1$ 时) 或缩小 $(\omega > 1$ 时) 到原来的 $\frac{1}{\omega}$ 倍 (纵坐标不变) 而得到. 其中 ω 称作**角速度 (角频率)**，它决定了函数的周期 $T = \frac{2\pi}{\omega}$，单位 s (秒)，它引起图像横向伸缩，$f = \frac{1}{T}$ 是频率，单位 Hz (赫兹)，表示每秒重复变化的次数.

典型例题

例 1 说说函数 $y = \sin x$ 的图像经过怎样的变换得到下列函数的图像：

(1) $y = \sin 3x$； (2) $y = \sin \frac{1}{3}x$.

解 (1) 函数 $y = \sin x$ 的图像上所有点的横坐标缩小为原来的 $\frac{1}{3}$ (纵坐标不变) 即得到函数 $y = \sin 3x$ 的图像.

(2) 函数 $y = \sin x$ 的图像上所有点的横坐标扩大为原来的 3 倍 (纵坐标不变) 即得到函数 $y = \sin \frac{1}{3}x$ 的图像.

例 2 观察函数 $y = \sin \omega x$ 在一个周期内简图 (图 3–14)，求周期 T，角速度 ω，频率 f.

解 由图 3–14 可知，周期 $T = \frac{\pi}{2}$，而 $T = \frac{2\pi}{\omega} = \frac{\pi}{2}$，所以 $\omega = 4$，频率 $f = \frac{1}{T} = \frac{2}{\pi}$.

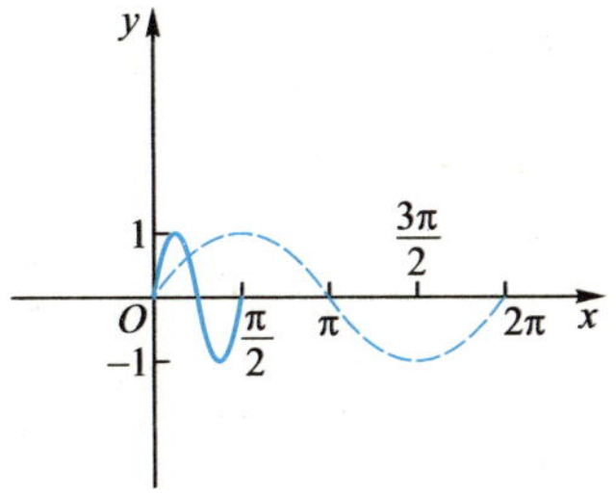

图 3–14

例 3 某交流电的电动势瞬时值表达式为 $e=220\sin 100\pi t\,(\mathrm{V})$，求该交流电的角频率、周期、频率.

解 角频率 $\omega=100\pi$,

周期 $T=\frac{2\pi}{\omega}=\frac{2\pi}{100\pi}=\frac{1}{50}\,(\mathrm{s})$,

频率 $f=\frac{1}{T}=50\,(\mathrm{Hz})$.

融会贯通

我们可以看出角速度 ω 引起了图像的横向伸缩，把握好 ω 的值就可以很轻松地观察出图像是如何变化的. 不仅如此，根据角速度 ω 也可以求出相应函数周期 $T=\frac{2\pi}{\omega}$，在物理学机械振动研究中，角频率是反映振动快慢的物理量；角频率 ω 越大，振动越快，即频率越大，周期越短.

践行新知

1. 作出函数 $y=\sin 5x$ 与函数 $y=\sin x$ 的图像，并观察两个图像之间的关系.

2. 观察函数 $y=A\sin\omega x$ 在一个周期内简图，求振幅 A，周期 T，角速度 ω，频率 f.

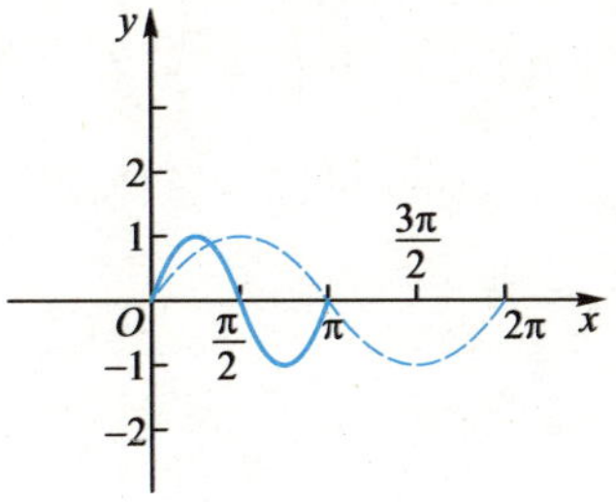

第 2 题图

3. 已知某交流电的电动势瞬时值表达式 $e=220\sin 100\pi t\,(\mathrm{V})$，求该交流电在 $t=\frac{1}{200}$ s 时刻的电动势值.

第 4 讲　初相 φ

专业链接

图 3–15 是三相交流电波形图，这三条交流电有什么区别？实际上它们的初相不同，彼此的相位差总是 $\frac{2\pi}{3}$，交流发电机三相绕组彼此相差也是 $\frac{2\pi}{3}$，那么，什么是初相呢？本讲我们就一起来学习初相，通过研究初相的变化来观察图像的变化.

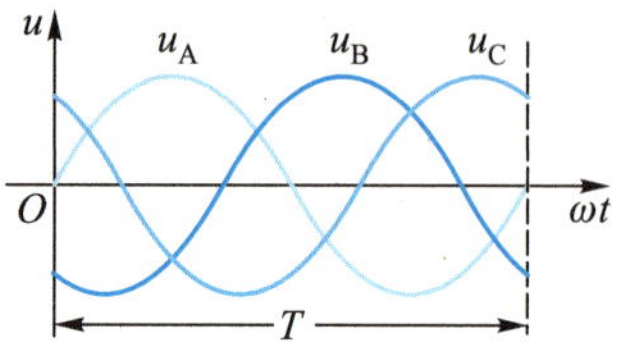

图 3–15

数学相关

观察思考

函数 $y = \sin(x + \varphi)$ 中 φ 取不同值时图像是怎样的呢？它是由函数 $y = \sin x$ 的图像经过怎样的变换得到的呢？下面以函数 $y = \sin\left(x + \frac{\pi}{3}\right)$ 与 $y = \sin\left(x - \frac{\pi}{3}\right)$ 为例说明.

新知讲授

作出函数 $y = \sin\left(x + \frac{\pi}{3}\right)$ 在一个周期内的简图.

列出表格（表 3–6）.

视频 3–5
初相位

表 3–6

x	$-\frac{\pi}{3}$	$\frac{\pi}{6}$	$\frac{2\pi}{3}$	$\frac{7\pi}{6}$	$\frac{5\pi}{3}$
$x + \frac{\pi}{3}$	0	$\frac{\pi}{2}$	π	$\frac{3\pi}{2}$	2π
$y = \sin\left(x + \frac{\pi}{3}\right)$	0	1	0	–1	0

以 (x, y) 为坐标描点，用光滑曲线连接各点.

这样就作出了函数 $y = \sin\left(x + \frac{\pi}{3}\right)$ 在一个周期内的简图（图 3–16），可以看出函数 $y = \sin x$ 的图像整体向左平移 $\frac{\pi}{3}$ 个单位得到

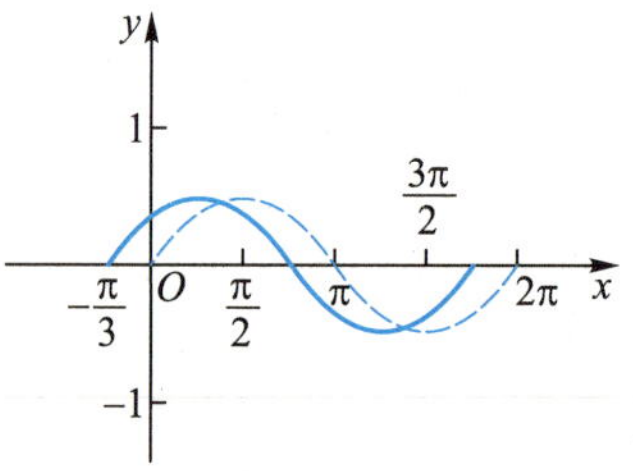

图 3–16

函数 $y=\sin\left(x+\dfrac{\pi}{3}\right)$ 的图像.

我们也可以从数学软件几何画板上去观察函数 $y=\sin(x+\varphi)$ 的图像:

当 $\varphi=0$ 时, 函数 $y=\sin x$ 的图像如图 3–17 所示;

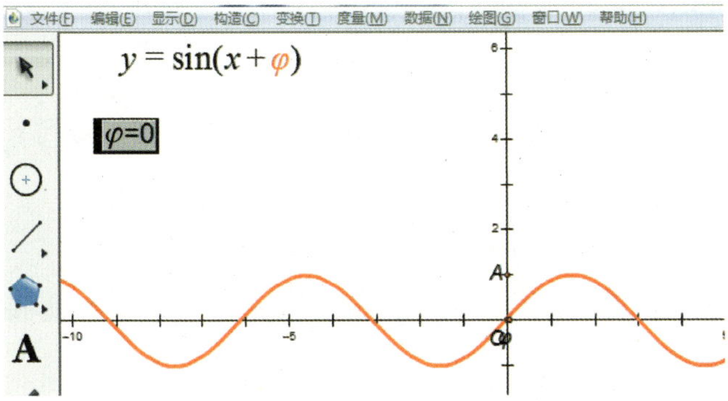

图 3–17

当 $\varphi>0$ 时, 函数 $y=\sin(x+\varphi)$ 的图像如图 3–18 所示;

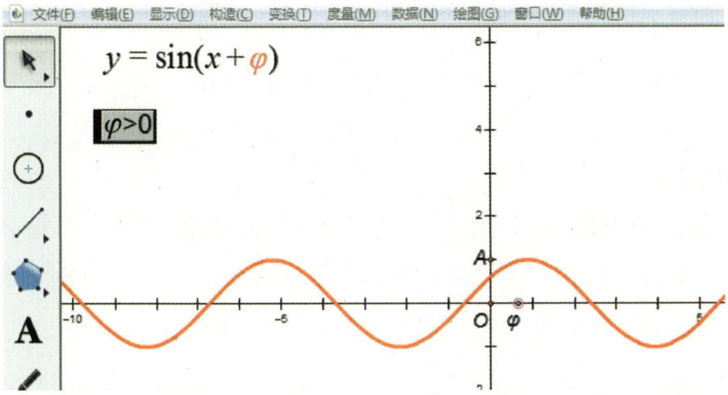

图 3–18

当 $\varphi<0$ 时, 函数 $y=\sin(x+\varphi)$ 的图像如图 3–19 所示.

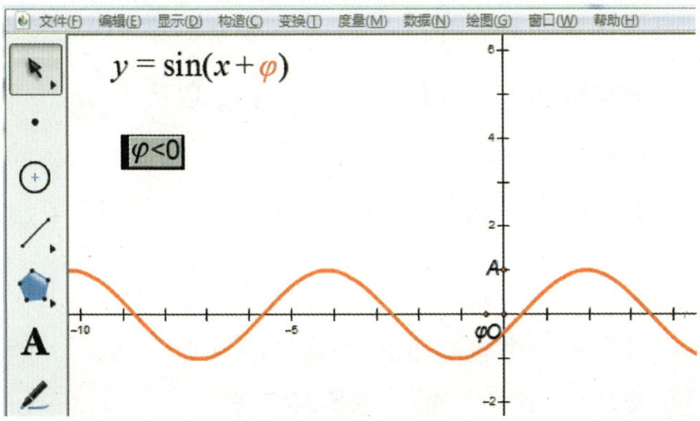

图 3–19

不难发现，函数 $y=\sin(x+\varphi)$ 的图像，可以看作把函数 $y=\sin x$ 的图像向左（当 $\varphi>0$ 时）或向右（当 $\varphi<0$ 时）平移 $|\varphi|$ 个单位长度而得到.

由此看出，φ 引起图像的左右平移，它改变图像的位置，不改变图像的形状，φ 叫做**初相**.

典型例题

例 1 说说函数 $y=\sin x$ 的图像经过怎样的变换得到下列函数的图像：

(1) $y=\sin\left(x+\dfrac{\pi}{4}\right)$； (2) $y=\sin\left(x-\dfrac{\pi}{4}\right)$.

解 (1) 将函数 $y=\sin x$ 的图像向左平移 $\dfrac{\pi}{4}$ 个单位，即得到函数 $y=\sin\left(x+\dfrac{\pi}{4}\right)$ 的图像.

(2) 将函数 $y=\sin x$ 的图像向右平移 $\dfrac{\pi}{4}$ 个单位，即得到函数 $y=\sin\left(x-\dfrac{\pi}{4}\right)$ 的图像.

例 2 已知函数 $f(x)=\sin\left(x-\dfrac{\pi}{6}\right)$，求初相 φ 以及 $f(0)$.

解 初相 $\varphi=-\dfrac{\pi}{6}$；当 $x=0$ 时，$f(0)=\sin\left(0-\dfrac{\pi}{6}\right)=-\dfrac{1}{2}$.

融会贯通

在物理电路学习中，$u=U_m\sin(\omega t+\varphi)$ 中的 φ 也称作是**初相**，实际上随着时间的变化**相位角** $\omega t+\varphi$ 也在改变，当 $t=0$ 时相位角为 φ，此时的相位角 φ 称作是初相位，简称初相.

践行新知

1. 函数 $y=\sin x$ 的图像经过怎样的变换得到函数 $y=\sin\left(x-\dfrac{\pi}{12}\right)$ 的图像.

2. 已知函数 $f(x)=\sin\left(x+\dfrac{\pi}{3}\right)$，求初相 φ 以及 $f(0)$.

3. 已知函数 $f(x)=\sin\left(x-\dfrac{\pi}{3}\right)$，求初相 φ 以及 $f(0)$.

第 5 讲 正弦型函数 $y=A\sin(\omega x+\varphi)$

专业链接

在前面的学习中我们知道，交流电的电流 i 与时间 t 的关系，交流电的电压 u 与时间 t 的关系等都是形如 $y=A\sin(\omega x+\varphi)$ 的函数，其中 A,ω,φ 都是常数. 例如某次试验测得两组交流电的电

流 i 随时间 t 变化的图像 (图 3–20) 对应的解析式就是形如 $y = A\sin(\omega x + \varphi)$ 的形式.

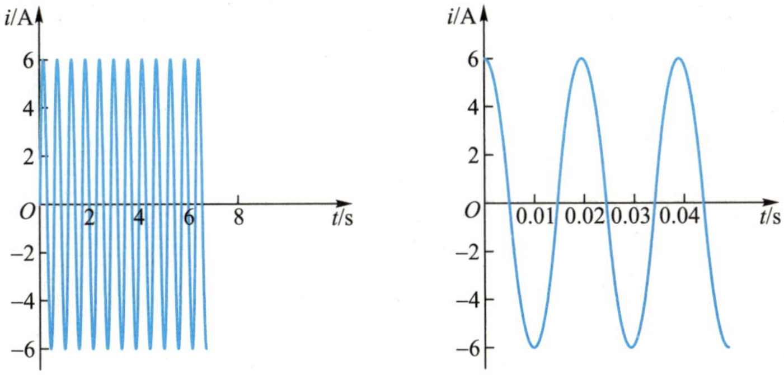

图 3–20

数学相关

观察思考

形如表达式 $y = A\sin(\omega x + \varphi)$ 的函数称作**正弦型函数**, 其中 $\omega x+\varphi$ 称作是**相位**. 在电学中, 交流电电压表达式 $u = U_m\sin(\omega t+\varphi)$ 中, φ 确定了发电机产生的交流电电压的初始值, 即 $t = 0$ (零时刻) 时的电压值.

比如, 某交流电电压变化表达式 $u = U_m\sin\left(\omega t + \frac{\pi}{3}\right)$ (V), 某周期内对应简图如图 3–21 所示.

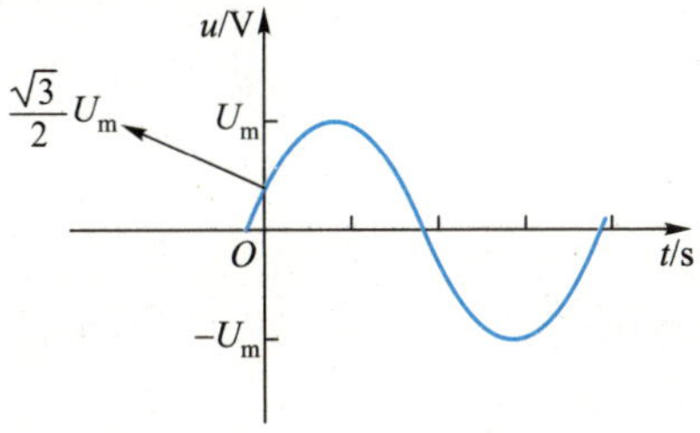

图 3–21

初相 $\varphi = \frac{\pi}{3}$, $t = 0$ 时刻的电压值为 $u = U_m\sin\frac{\pi}{3} = \frac{\sqrt{3}}{2}U_m$.

那么正弦型函数 $y = A\sin(\omega x+\varphi)$ 的图像是怎样的呢? 下面以函数 $y = 2\sin\left(2x - \frac{\pi}{3}\right)$ 为例来观察其图像的特点以及相关的性质.

视频 3–6

正弦型函数 $y = A\sin(\omega x + \varphi)$

新知讲授

首先, 用 "五点法" 作函数 $y = 2\sin\left(2x - \frac{\pi}{3}\right)$ 在一个周期内的简图.

第一步, 列表: 令 $2x - \frac{\pi}{3} = 0$, 此时 $x = \frac{\pi}{6}$, $y = 0$, 取到点 $\left(\frac{\pi}{6}, 0\right)$;

令 $2x-\frac{\pi}{3}=\frac{\pi}{2}$, 此时 $x=\frac{5\pi}{12}$, $y=2$, 取到点 $\left(\frac{5\pi}{12},2\right)$; 同理, 令 $2x-\frac{\pi}{3}=\pi$、$\frac{3\pi}{2}$、2π, 分别取到点 $\left(\frac{2\pi}{3},0\right)$、$\left(\frac{11\pi}{12},-2\right)$、$\left(\frac{7\pi}{6},0\right)$, 如表 3–7 所示.

表 3–7

x	$\frac{\pi}{6}$	$\frac{5\pi}{12}$	$\frac{2\pi}{3}$	$\frac{11\pi}{12}$	$\frac{7\pi}{6}$
$2x-\frac{\pi}{3}$	0	$\frac{\pi}{2}$	π	$\frac{3\pi}{2}$	2π
$y=2\sin\left(2x-\frac{\pi}{3}\right)$	0	2	0	–2	0

第二步, 描点: 在平面直角坐标系中分别标出相应的五个点 $\left(\frac{\pi}{6},0\right)$、$\left(\frac{5\pi}{12},2\right)$、$\left(\frac{2\pi}{3},0\right)$、$\left(\frac{11\pi}{12},-2\right)$、$\left(\frac{7\pi}{6},0\right)$.

第三步, 连线: 用一条光滑的曲线联结各点, 则得到正弦型函数 $y=2\sin\left(2x-\frac{\pi}{3}\right)$ 在一个周期内的简图, 如图 3–22 所示.

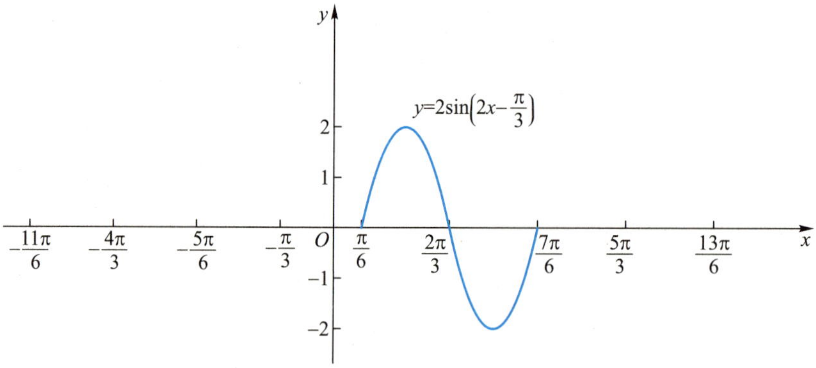

图 3–22

利用函数的周期性, 将一个周期内的简图, 沿 x 轴分别向左、向右平移 $\pi, 2\pi, \cdots$, 就可得出函数 $y=2\sin\left(2x-\frac{\pi}{3}\right)$, $x\in\mathbf{R}$ 的简图, 如图 3–23 所示.

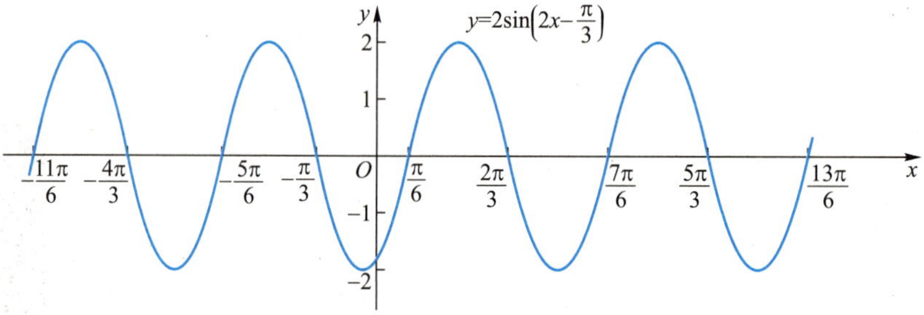

图 3–23

此时, 该函数的定义域为实数集 **R**, 值域为 $[-2,2]$, 周期 $T=\pi$.

对于正弦型函数 $y = A\sin(\omega x + \varphi)$ 有这样的性质:

(1) 定义域为实数集 $\mathbf{R}$;

(2) 值域为 $[-|A|, |A|]$;

(3) 周期 $T = \dfrac{2\pi}{|\omega|}$.

典型例题

例 1 已知正弦型函数 $y = 2\sin\left(\dfrac{1}{2}x + \dfrac{\pi}{4}\right)$, 求其振幅、周期、初相及频率.

解 振幅 $A = 2$; 周期 $T = \dfrac{2\pi}{\omega} = \dfrac{2\pi}{\frac{1}{2}} = 4\pi$; 初相 $\varphi = \dfrac{\pi}{4}$; 频率 $f = \dfrac{1}{T} = \dfrac{1}{4\pi}$.

视频 3–7

认识示波器中正弦型函数

例 2 已知正弦型函数 $y = 3\sin\left(2x + \dfrac{\pi}{3}\right)$, 求当 $x = 0$、$x = \dfrac{\pi}{3}$ 时, y 的值.

解 当 $x = 0$ 时, $y = 3\sin\left(2\times 0 + \dfrac{\pi}{3}\right) = 3\sin\dfrac{\pi}{3} = 3\times\dfrac{\sqrt{3}}{2} = \dfrac{3\sqrt{3}}{2}$;

当 $x = \dfrac{\pi}{3}$ 时, $y = 3\sin\left(2\times\dfrac{\pi}{3} + \dfrac{\pi}{3}\right) = 3\sin\pi = 0$.

例 3 图 3–24 为正弦型函数 $y = A\sin\left(\omega x - \dfrac{\pi}{3}\right)$ 的图像的一部分, 求振幅 A、角速度 ω 及周期 T.

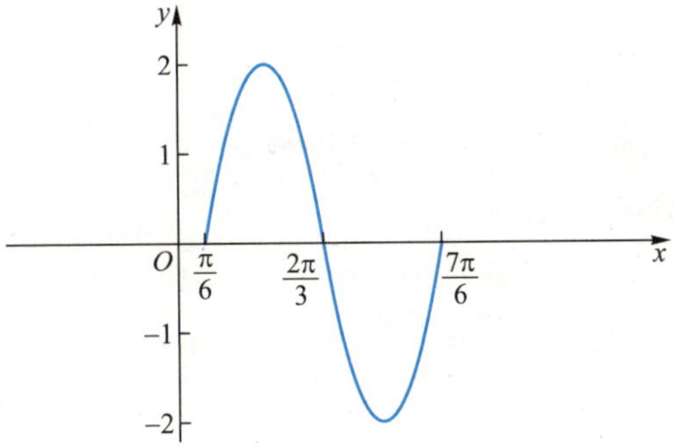

图 3–24

解 由图 3–24 可知, 振幅 $A = 2$; 周期 $T = \dfrac{7\pi}{6} - \dfrac{\pi}{6} = \pi$; 因为 $T = \dfrac{2\pi}{\omega} = \pi$, 所以角速度 $\omega = 2$.

例 4 某交流电的电压表达式为 $u = 220\sin\left(2t + \dfrac{\pi}{4}\right)$ (V), 图像如图 3–25 所示, 求该交流电电压的初相, 零时刻的电压值.

解 初相 $\varphi = \dfrac{\pi}{4}$, $t = 0$ 时, $u = 220\sin\left(0 + \dfrac{\pi}{4}\right) = 220\sin\dfrac{\pi}{4} =$

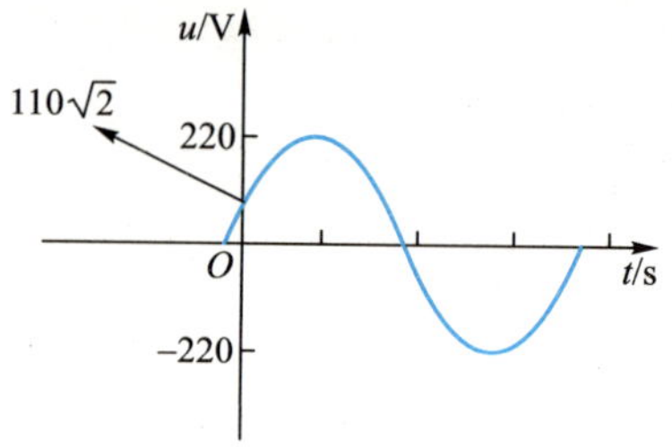

图 3–25

$110\sqrt{2}$ (V).

融会贯通

函数 $y=\sin(x+\varphi)$ 中 φ 引起图像的左右平移，它改变图像的位置，不改变图像的形状，通过表达式 $y=A\sin(\omega x+\varphi)$ 可以很容易写出初相 φ 以及相位 $\omega x+\varphi$. 根据交流电电压表达式 $u=u_{\mathrm{m}}\sin(\omega x+\varphi)$ 可以确定发电机产生的交流电电压的初始值，即 $t=0$ (零时刻) 时的电压值.

践行新知

1. 已知正弦型函数 $y=\frac{1}{2}\sin\left(3x-\frac{\pi}{3}\right)$，求振幅、周期、初相及频率.

2. 已知正弦型函数 $y=3\sin\left(\frac{1}{2}x-\frac{\pi}{3}\right)$，求当 $x=0, x=\pi$ 时，y 的值.

3. 某交流电的电压表达式 $u=220\sin\left(2t-\frac{\pi}{4}\right)$，求该交流电电压的初相，零时刻的电压值.

4. 右图是某次试验测得的交流电电流 i 随时间 t 变化的图像的一部分，表达式为 $i=I_{\mathrm{m}}A\sin\left(\omega t+\frac{\pi}{2}\right)$，求峰值 I_{m}、角频率 ω.

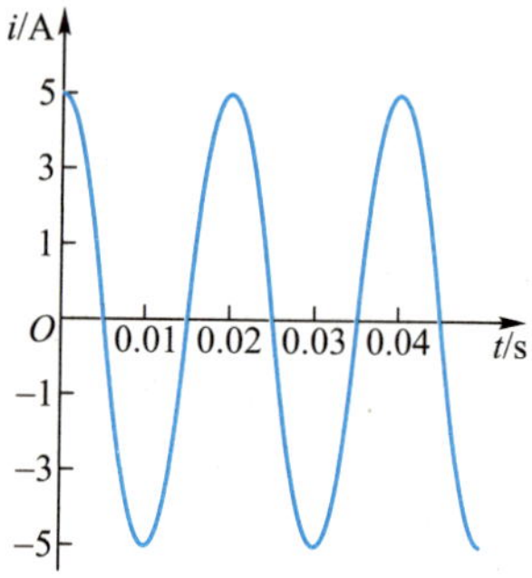

第 4 题图

【阅读资料】

示波器信号波形的简单分析

示波器本质上是一种图形显示设备，它描绘电信号的图形曲线. 波形能够揭示信号的许多特性，当看到波形的高度变化，则表示电压值在变化；当看到的是平坦的水平线，则表示在一段时间内，信号没有变化；平直斜线表示线性变化，电压以恒定的斜率上升或下降；波形中的尖角指示的是突然的变更.

示波器显示的大多数波都属于如下类型：正弦波、方波和矩形波、三角波和锯齿波、复杂波等.

正弦波

实际上正弦波是基本波形. 它具有和谐的数学特性，这与我们数学中学习到的正弦函数曲线的形状一样. 电源出口输出的电压值也如同正弦波那样变化，信号发生器振荡电路产生的测试信号通常就是正弦波.

衰减的正弦波是振荡电路产生的特殊实例，它随时间而衰减，图 3–26 是正弦波和衰减的正弦波的示例.

方波和矩形波

方波是另一种常见的波形. 从本质上看，方波是以相同的时间间隔，不停开关的电压（或者不断为高低值）. 它是测试放大器的标准波形，好的放大器在增加方波幅值的同时有最小的失真，电视、广播和计算机电路中经常使用方波作为定时信号.

矩形波与方波类似，不同之处在于高低电压值的间隔时间并不等长，在分析数字电路时，矩形波非常有用，图 3–27 是方波和矩形波的示例.

正弦波　衰减的正弦波

图 3–26

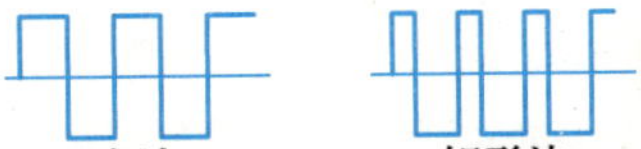

方波　矩形波

图 3–27

锯齿波和三角波

锯齿波和三角波来源于线性控制电压的电路. 例如，模拟示波器的水平扫描，或者电视的光栅扫描，这类波形以恒定速率对电压电平值进行转换，这些渐增过程称为斜坡信号，图 3–28 是锯齿波和三角波的示例.

锯齿波　三角波

图 3–28

复杂波

一些波形组合正弦波、方波、阶跃波和脉冲的特性，形成新的波形，对于许多示波器来说是一种考验，信号的信息可以置入幅值、相位中，可能还置入频率变量当中. 例如，图 3–29 表示的是平常的复合视频信号，但是在低频包络里也置入了许多高频波形周期. 对于这个例子，理解各处的相对电平和定时关系是非常重要的，为了观察这样的信号，需要用示波器来捕获低频包络，并以一定的亮度级表示复杂高频波形. 如此一来，就可以观察到整个混合图象，方便直观地进行解释说明. 对于图 3–30 所示的视频信号，模拟和数字的荧光示波器非常适合观察这样的复杂波形，显示器提供必要的发生频率的信息，或者亮度等级，这些对理解波形的实际特性颇为重要.

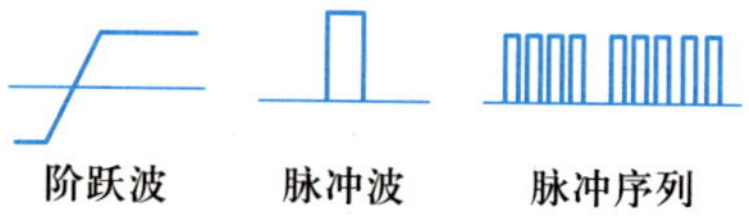

图 3–29

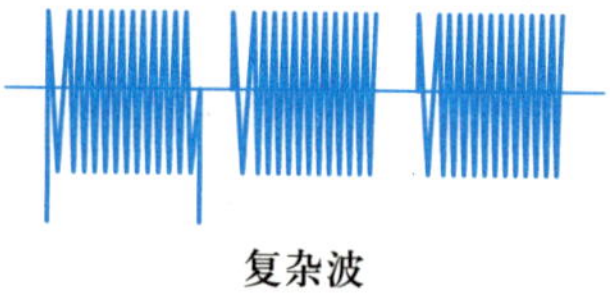

图 3–30

专题四　汽车中的平面向量

从小学到现在，我们是用实数标记物体数量的多少或大小的，但在数学与物理学中，还有一种量是既有大小，又有方向的，例如汽车在行驶时的牵引力，行驶的位移，速度等，这些量我们称其为向量．

向量是近代数学中最基本和最重要的概念之一，是沟通几何、代数、三角等基本内容的桥梁，还是研究力学、电学和其他自然科学的有效工具．

本专题将从汽修专业的一些实例入手，学习向量的概念、向量的加法与数乘向量运算，以及向量的分解等相关知识，从而为今后解决专业问题打下基础．

漫谈向量

第 1 讲　平面向量的概念

专业链接

在初中物理中, 图 4–1 所示的物体受到的重力 $\boldsymbol{G}$ 是向下的, 而绳子的拉力 $\boldsymbol{F}_1$、$\boldsymbol{F}_2$ 是向上的, 这些力不仅有大小, 而且还有各自的方向.

数学相关

观察思考

在公路上经常见到各种交通标志牌, 那么从图 4–2 所示的牌子, 能得到什么信息呢? 我们不仅能知道要到达地点的距离, 还能知道行进的方向.

想一想

你还能举出哪些量是向量, 哪些量是数量?

说明: 向量有大小和方向两个要素.

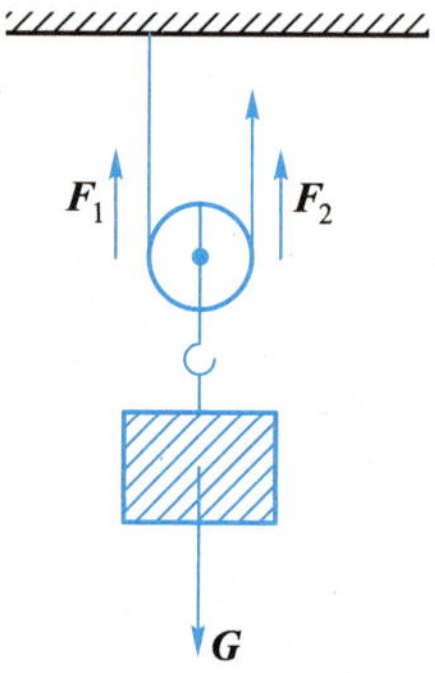

图 4–1

图 4–2

新知讲授

在数学上, 将这些既有大小又有方向的量称为**向量**, 比如位移、速度、力等. 而将只有大小没有方向的量称为**数量**, 比如长度、温度、质量等.

向量可以用带箭头的线段来表示. 如图 4–3 所示, 在线段 AB 的两个端点中, 规定 A 为起点, B 为终点, 这样线段 AB 就有了方向. 我们将这种标有方向的线段称为**有向线段**. 有向线段的长度表示向量的大小, 箭头表示向量的方向. 因此向量也可以用有向线段表示, 记作向量 $\overrightarrow{AB}$. 例如: 图 4–3 中的 $\overrightarrow{AB}$ 与 $\overrightarrow{CD}$ 是不同的向量.

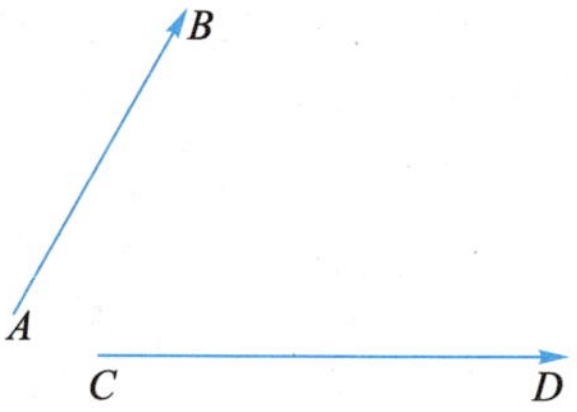

图 4–3

向量也可以用字母 $\boldsymbol{a}$、$\boldsymbol{b}$、$\boldsymbol{c}$ 等来表示. 这些字母在印刷时用倾斜的黑体, 手写时则在倾斜体字母上面加上箭头, 如 $\vec{a}$, $\vec{b}$, $\vec{c}$.

向量的大小也称为**向量的模**. 例如向量 $\overrightarrow{AB}$ 的模记作 $|\overrightarrow{AB}|$, 向量 $\boldsymbol{a}$ 的模记作 $|\boldsymbol{a}|$.

大小(或模)为零的向量叫做**零向量**, 记作 $\mathbf{0}$, 零向量的方向是任意的.

大小(或模)等于 1 的向量叫做**单位向量**.

如果两个非零向量的方向相同或者方向相反, 则称这两个向量为**平行向量**. 例如: 图 4–4 中的 $\boldsymbol{a}, \boldsymbol{b}, \boldsymbol{c}$ 是一组平行向量, 记作 $\boldsymbol{a}//\boldsymbol{b}//\boldsymbol{c}$.

规定: 零向量与任一向量平行.

如果两个向量既方向相同又模相等, 则称这两个向量为**相等向量**. 如图 4–5 中, 平行四边形中的向量 $\overrightarrow{AD}$ 与 $\overrightarrow{BC}$, 记作 $\overrightarrow{AD}=\overrightarrow{BC}$.

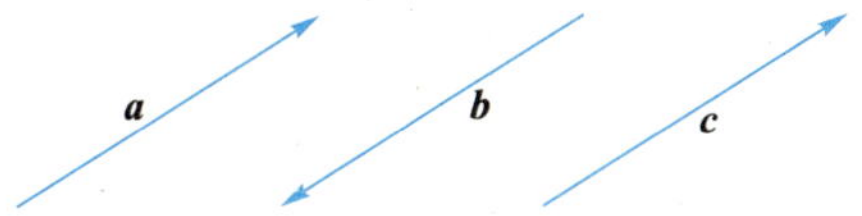

图 4–4

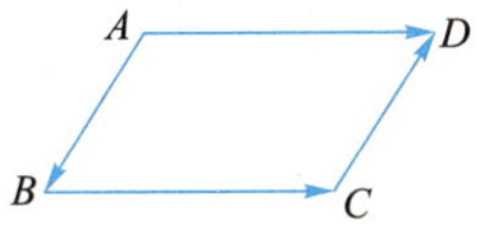

图 4–5

想一想

0 与 **0** 有什么不同?

视频 4–2

相等向量、相反向量与平行向量

模相等而方向相反的两个向量称为**相反向量**. 如图 4–5 中的 $\overrightarrow{AB}$ 与 $\overrightarrow{CD}$, 它们的模是相等的, 但方向相反, 记作 $\overrightarrow{AB}=-\overrightarrow{CD}$.

如图 4–6 所示, $\boldsymbol{a}$、$\boldsymbol{b}$、$\boldsymbol{c}$ 是一组平行向量. 在平面内任意做一条平行于上述向量的直线, 在直线 l 上任意取一点 O, 都可以作 $\overrightarrow{OA}=\boldsymbol{a}, \overrightarrow{OB}=\boldsymbol{b}, \overrightarrow{OC}=\boldsymbol{c}$, 也就是说, 平行向量都可以被平移到同一条直线上. 所以, 平行向量也称为**共线向量**.

想一想

作为有向线段, $\overrightarrow{AD}$ 与 $\overrightarrow{BC}$ 是否相等?

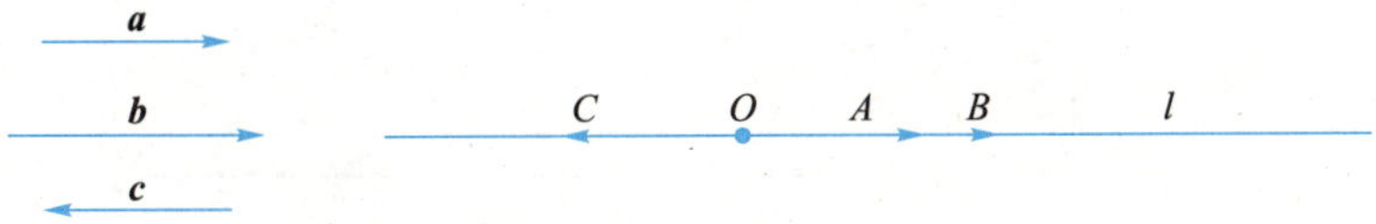

图 4–6

想一想

向量平行与初中讲的直线平行一样吗? 有什么不同?

典型例题

例 如图 4–7 所示, 点 O 是正六边形 $ABCDEF$ 的中心, 分别写出与向量 $\overrightarrow{AB}$ 相等、相反、平行的向量.

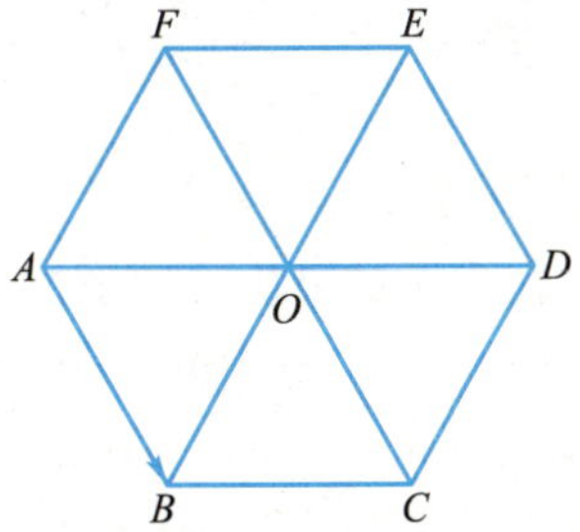

图 4–7

解 经过观察可以知道,

与向量 $\overrightarrow{AB}$ 相等的向量有 $\overrightarrow{FO}$、$\overrightarrow{OC}$、$\overrightarrow{ED}$;

与向量 $\overrightarrow{AB}$ 相反的向量有 $\overrightarrow{OF}$、$\overrightarrow{CO}$、$\overrightarrow{DE}$、$\overrightarrow{BA}$;

与向量 $\overrightarrow{AB}$ 平行的向量有 $\overrightarrow{FO}$、$\overrightarrow{OC}$、$\overrightarrow{ED}$、$\overrightarrow{OF}$、$\overrightarrow{CO}$、$\overrightarrow{DE}$、$\overrightarrow{BA}$、$\overrightarrow{FC}$、$\overrightarrow{CF}$.

融会贯通

数量可以比较大小，但向量不能比较大小，因为向量不仅有大小，还有方向这个要素.

也正是基于对向量的大小和方向这两要素的分析，才产生了零向量、单位向量、平行向量、相等向量、相反向量等有关概念.

践行新知

1. 选择适当的比例尺，用有向线段表示下列位移：

(1) 飞机向南飞行 50 km;

(2) 飞机向西飞行 50 km;

(3) 飞机向东北飞行 50 km.

2. 如果表示两个相等向量的有向线段具有同一始点，那么它们的终点位置是否相同？对于不相等的两个向量呢？

3. 在平行四边形 $ABCD$ 中，分别写出与 $\overrightarrow{DC}$, $\overrightarrow{DO}$, $\overrightarrow{DA}$ 相等的向量和相反的向量.

4. 如图，在 $\triangle ABC$ 中，点 D、E、F 分别是边 AB、BC、AC 的中点.

(1) 分别找出与向量 $\overrightarrow{DF}$ 相等的向量和平行的向量；

(2) 写出向量 $\overrightarrow{DE}$ 的相反向量.

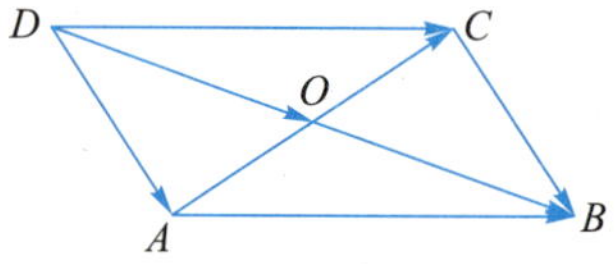

第 3 题图

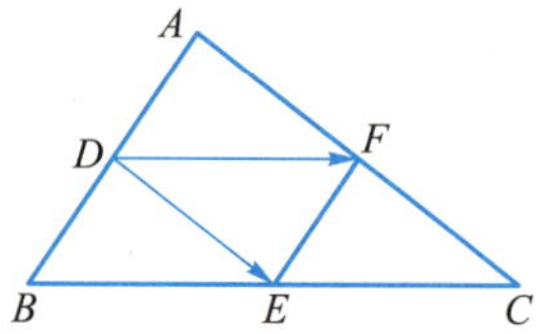

第 4 题图

第 2 讲　液力变矩器中的向量加法

视频 4–3
向量加法导入

专业链接

在汽车的液力变矩器内部 (图 4–8)，液压油在泵轮的搅动下，在泵轮、导轮、涡轮的叶片之间循环流动. 在流动过程中，液压油的流动速度以及液压油对从动件的冲击力会不断进行合成，进而改变传动效果.

这个过程中产生的“力”“速度”都是向量，它们的合成实质就是向量的加法.

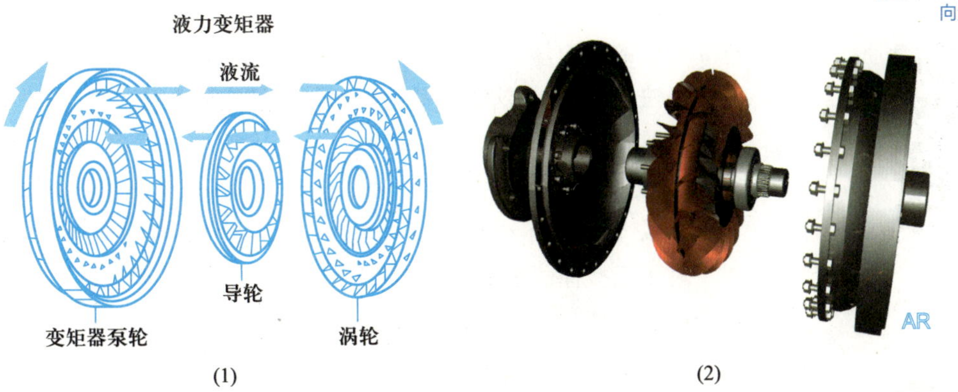

图 4–8

数学相关

观察思考

从北京到青岛，可以坐飞机，由北京出发直接到青岛；也可以坐火车，由北京先到济南，再到青岛．这两次位移的结果是相同的，都是从北京到青岛（图 4–9）.

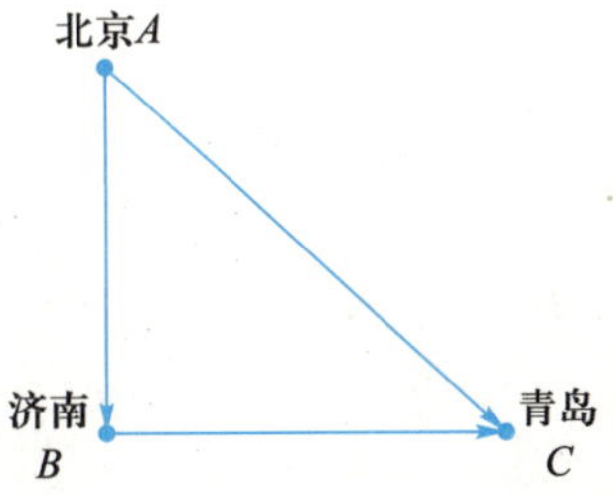

图 4–9

视频 4–4
向量加法的三角形法则

也就是说，位移 $\overrightarrow{AB}$ 与 $\overrightarrow{BC}$ 的和与位移 $\overrightarrow{AC}$ 是完全相同的，即 $\overrightarrow{AB}+\overrightarrow{BC}=\overrightarrow{AC}$.

新知讲授

一般情况下，已知向量 $\boldsymbol{a}$、$\boldsymbol{b}$，在平面上任取一点 A，作 $\overrightarrow{AB}=\boldsymbol{a}$，$\overrightarrow{BC}=\boldsymbol{b}$，则向量 $\overrightarrow{AC}$ 叫做向量 $\boldsymbol{a}$ 与 $\boldsymbol{b}$ 的和向量，记作 $\boldsymbol{a}+\boldsymbol{b}$．即 $\boldsymbol{a}+\boldsymbol{b}=\overrightarrow{AB}+\overrightarrow{BC}=\overrightarrow{AC}$（图 4–10）.

图 4–10

求两个向量的和向量的运算，叫做**向量的加法**.

这种作出两个向量的和向量的方法叫做**向量加法的三角形法则**.

对于零向量与任意向量 $\boldsymbol{a}$ 相加，都有 $\boldsymbol{a}+\boldsymbol{0}=\boldsymbol{a}$.

视频 4–5
向量加法的平行四边形法则

视频 4–6
向量加法交换律、结合律的证明

向量的加法运算也可以按照如下的方法进行：已知向量 $\boldsymbol{a}$、$\boldsymbol{b}$，在平面上任取一点 A，作 $\overrightarrow{AB}=\boldsymbol{a}$，$\overrightarrow{AC}=\boldsymbol{b}$，然后以 AB、AC 为邻边作平行四边形 $ACDB$（图 4–11），则对角线 AD 所在的向量 $\overrightarrow{AD}$ 就是向量 $\boldsymbol{a}$ 与 $\boldsymbol{b}$ 的和向量，这种作出和向量的方法叫做**向量加法的平行四边形法则**. 三角形法则与平行四边形法则实质上是一样的.

向量的加法满足如下运算律：

(1) 交换律 $\boldsymbol{a}+\boldsymbol{b}=\boldsymbol{b}+\boldsymbol{a}$；

(2) 结合律 $(\boldsymbol{a}+\boldsymbol{b})+\boldsymbol{c}=\boldsymbol{a}+(\boldsymbol{b}+\boldsymbol{c})$.

对于交换律，用向量相加的平行四边形法则易于验证. 对于结合律，参照图 4–12 所示，易于证明.

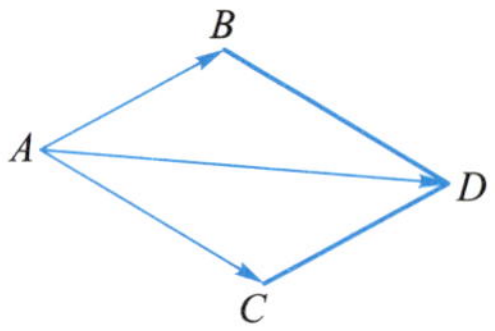

图 4–11

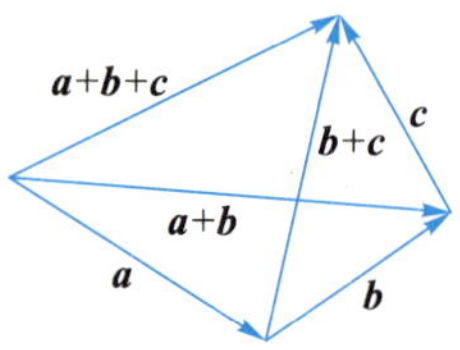

图 4–12

典型例题

例 1 如图 4–13 所示，已知向量 $\boldsymbol{a}$，$\boldsymbol{b}$，作向量 $\boldsymbol{a}+\boldsymbol{b}$.

图 4–13

解 在平面内任取一点 A，作向量 $\overrightarrow{AB}=\boldsymbol{a}$，$\overrightarrow{BC}=\boldsymbol{b}$，用线段连接 A、C 两点，则由三角形法则可知，向量 $\overrightarrow{AC}$ 就是 $\boldsymbol{a}$、$\boldsymbol{b}$ 的和向量，即 $\boldsymbol{a}+\boldsymbol{b}=\overrightarrow{AC}$.

例 2 如图 4–14 所示，在 $\triangle ABC$ 中，点 D 是边 BC 的中点. 求：

(1) $\overrightarrow{AB}+\overrightarrow{BC}$；

(2) $\overrightarrow{AB}+\overrightarrow{BD}$；

(3) $\overrightarrow{AB}+\overrightarrow{BC}+\overrightarrow{CA}$.

解 由向量加法的三角形法则得

(1) $\overrightarrow{AB}+\overrightarrow{BC}=\overrightarrow{AC}$；

(2) 连接 A，D 得到线段 AD，$\overrightarrow{AB}+\overrightarrow{BD}=\overrightarrow{AD}$；

(3) $\overrightarrow{AB}+\overrightarrow{BC}+\overrightarrow{CA}=\boldsymbol{0}$.

例 3 河水从西往东流，流速为 2 m/s，一艘船以 2 m/s 的速度垂直水流方向向北横渡，求船实际航行的方向和航速.

解　如图 4–15 所示，设河水流速为 $\boldsymbol{v}_{水}$，船速为 $\boldsymbol{v}_{船}$，根据向量加法的平行四边形法则，船的实际速度 $\boldsymbol{v}=\boldsymbol{v}_{水}+\boldsymbol{v}_{船}$，由 $|\boldsymbol{v}_{船}|=|\boldsymbol{v}_{水}|$，可得船实际航行的方向为北偏东 45°.

而 $|\boldsymbol{v}|=\sqrt{|\boldsymbol{v}_{船}|^2+|\boldsymbol{v}_{水}|^2}=\sqrt{2^2+2^2}=2\sqrt{2}\ (\text{m/s})\approx 2.8\ (\text{m/s})$. 即船的实际航速为 2.8 m/s.

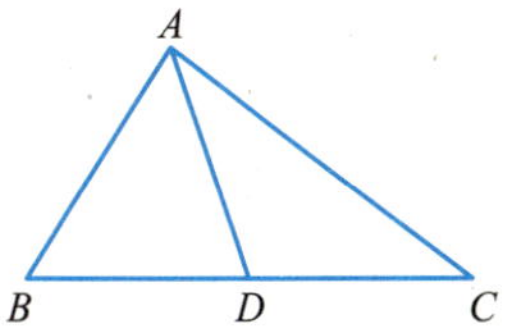

图 4–14

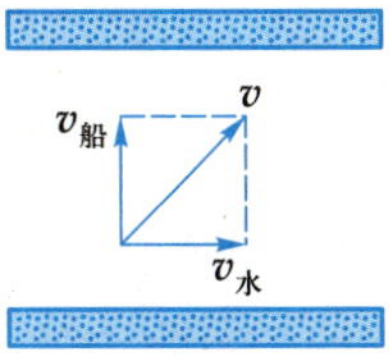

图 4–15

融会贯通

向量的加法运算是最基本、最重要的向量运算. 特别地，当两个向量所在直线平行时，一般用加法的三角形法则来求和. 减去一个向量就等于加上这个向量的相反向量，所以向量的减法运算也可以归结为这两个向量的加法运算.

在液力变矩器工作时，液压油的流动速度以及对从动件的冲击力不断合成，其实质就是向量的加法运算，遵循三角形法则或平行四边形法则.

践行新知

1. 如图，已知向量 $\boldsymbol{a}$、$\boldsymbol{b}$，作出 $\boldsymbol{a}+\boldsymbol{b}$.

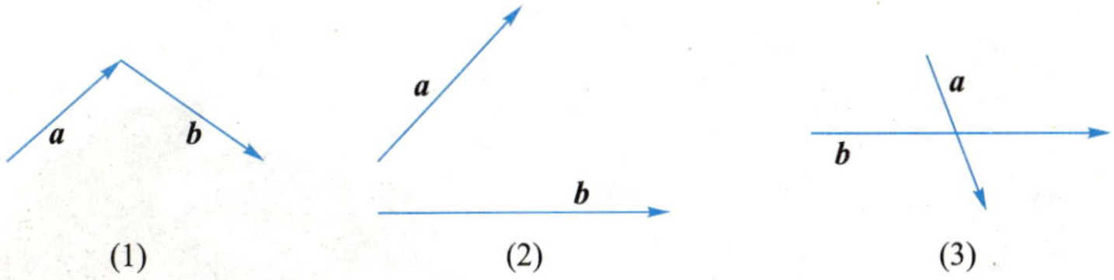

第 1 题图

2. 在平行四边形 $ABCD$ 中，求

(1) $\overrightarrow{AB}+\overrightarrow{BC}$;

(2) $\overrightarrow{AB}+\overrightarrow{AD}$;

(3) $\overrightarrow{CB}+\overrightarrow{CD}$.

3. 如图，已知 O 是正六边形 $ABCDEF$ 的中心，则

(1) $\overrightarrow{AB}+\overrightarrow{BC}=$____，$\overrightarrow{AB}+\overrightarrow{BC}+\overrightarrow{CD}=$____;

(2) $\overrightarrow{AB}+\overrightarrow{BC}+\overrightarrow{CD}+\overrightarrow{DA}=$____.

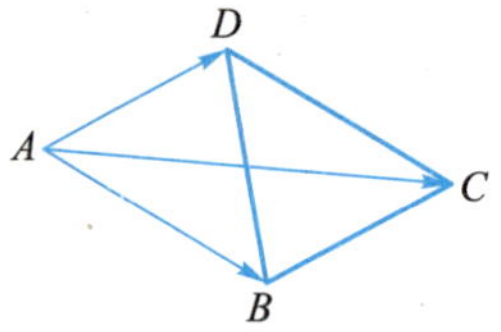

第 2 题图

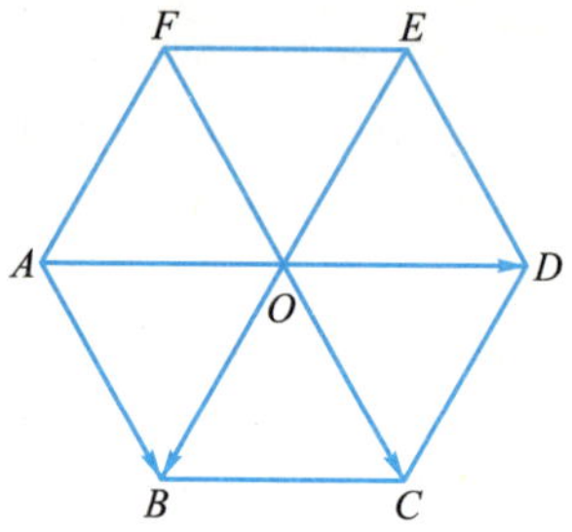

第 3 题图

4. 如图, 用两条绳提一个物体, 每条绳用力 5 N, 这时两条绳的夹角为 60°, 且物体处于受力平衡状态, 求物体所受的重力 G.

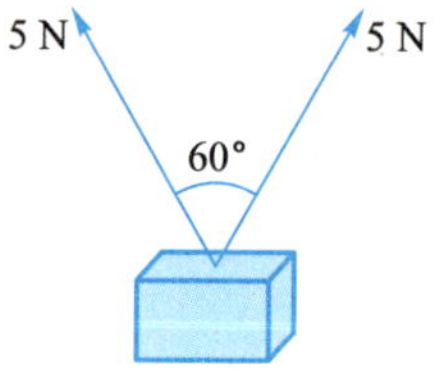

第 4 题图

第 3 讲　制动器中的共线向量

专业链接

视频 4-7
制动器中的共线向量

汽车制动器 (图 4-16) 是车轮上的刹车系统. 鼓式制动器制动时, 前后蹄受到相同的张开力, 两蹄绕各自支撑点向外偏转, 前蹄制动增势, 而后蹄制动减势.

汽车制动器的增势与减势实质是同向、异向向量的合成运算.

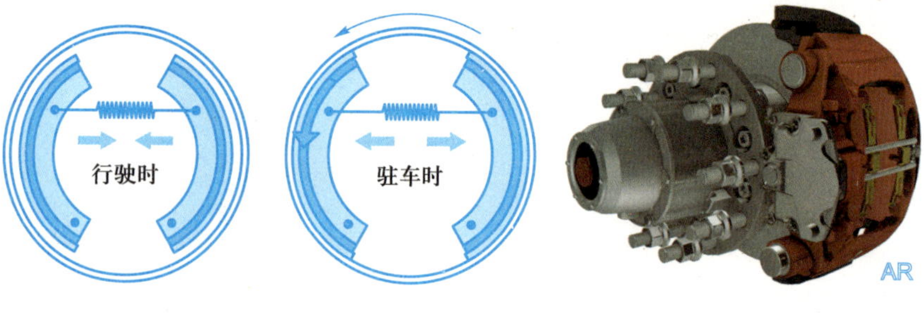

图 4-16

数学相关

新知讲授

我们知道, 平行向量都可以被平移到同一条直线上. 所以, 平行向量也称为共线向量. 由此可知, 表示共线向量的有向线段所在直线互相平行或重合.

共线向量还有如下性质:

(1) 若向量 $\boldsymbol{a}//\boldsymbol{b}$, 则 $\boldsymbol{b}//\boldsymbol{a}$;

(2) 非零共线向量的传递性: 若向量 $\boldsymbol{b}\neq\boldsymbol{0}$, $\boldsymbol{a}//\boldsymbol{b}$, $\boldsymbol{b}//\boldsymbol{c}$, 则 $\boldsymbol{a}//\boldsymbol{c}$;

(3) 零向量与任意一向量共线, 即 $\boldsymbol{0}//\boldsymbol{a}$.

两个共线向量求和时, 可以利用向量加法的三角形法则作出和向量.

一般情况下, 已知共线向量 $\boldsymbol{a}$、$\boldsymbol{b}$, 如图 4–17 所示, 在平面内任取一点 A, 作向量 $\overrightarrow{AB}=\boldsymbol{a}$, $\overrightarrow{BC}=\boldsymbol{b}$, 用线段连接 A、C 点, 则由三角形法则可知, 向量 $\overrightarrow{AC}$ 就是 $\boldsymbol{a}$、$\boldsymbol{b}$ 的和向量, 即 $\boldsymbol{a}+\boldsymbol{b}=\overrightarrow{AB}+\overrightarrow{BC}=\overrightarrow{AC}$.

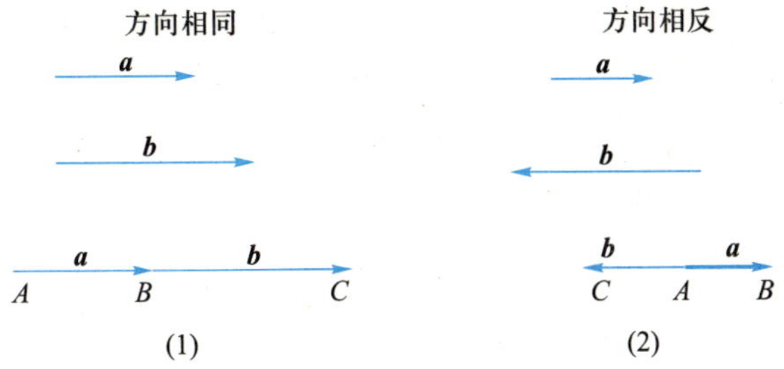

图 4–17

我们可以发现,

当两个向量方向相同时, 和向量的模等于两个向量模的和 (图 4–17 (1)), 即

$$|\boldsymbol{a}+\boldsymbol{b}|=|\boldsymbol{a}|+|\boldsymbol{b}|;$$

当两个向量方向相反时, 和向量的模等于两个向量模的差的绝对值 (图 4–17 (2)), 即

$$|\boldsymbol{a}+\boldsymbol{b}|=|\boldsymbol{a}|-|\boldsymbol{b}| \quad 或 \quad |\boldsymbol{a}+\boldsymbol{b}|=|\boldsymbol{b}|-|\boldsymbol{a}|;$$

对于相反向量, 有 $\boldsymbol{a}+(-\boldsymbol{a})=(-\boldsymbol{a})+\boldsymbol{a}=\boldsymbol{0}$;

零向量与任意一向量 $\boldsymbol{a}$, 有 $\boldsymbol{a}+\boldsymbol{0}=\boldsymbol{0}+\boldsymbol{a}=\boldsymbol{a}$.

典型例题

例 1 判断下列说法是否正确:

(1) 长度不相等而方向相反的两个向量一定是共线向量;

(2) 两个有共同起点且共线的向量其终点必相同;

(3) 共线向量是在一条直线上的向量;

(4) $\boldsymbol{a}$ 与 $\boldsymbol{b}$ 共线, $\boldsymbol{b}$ 与 $\boldsymbol{c}$ 共线, 则 $\boldsymbol{a}$ 与 $\boldsymbol{c}$ 也共线.

解 (1) 正确. 两个向量方向相反, 则表示它们的有向线段所在直线互相平行或重合, 所以是共线向量.

(2) 错误. 两个共线向量即使起点相同, 但可能因为方向不同, 或者长度不同, 导致终点不同.

(3) 错误. 共线向量是指可以平移到一条直线上的向量, 但并不一定就在一条直线上.

(4) 错误. 如果 $\boldsymbol{b}=\boldsymbol{0}$, 那 $\boldsymbol{a}$ 和 $\boldsymbol{c}$ 就可以是任意一向量, 不一定共线.

例 2 如图 4–18 所示, O 是正方形 $ABCD$ 对角线的交点, 在以 O, A, B, C, D 这 5 点中任意一点为起点, 另一点为终点的所有向量中,

(1) 写出与 $\overrightarrow{BC}$ 相等的向量;

(2) 写出与 $\overrightarrow{OB}$ 长度相等的向量;

(3) 写出与 $\overrightarrow{DA}$ 共线的向量.

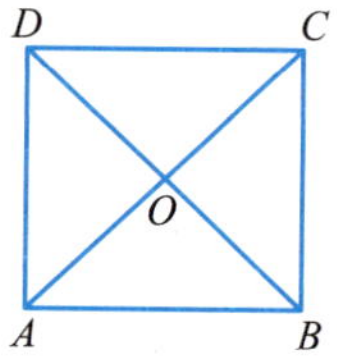

图 4–18

解 (1) 与 $\overrightarrow{BC}$ 相等的向量是 $\overrightarrow{AD}$;

(2) 与 $\overrightarrow{OB}$ 长度相等的向量有 $\overrightarrow{OA}$、$\overrightarrow{OC}$、$\overrightarrow{OD}$、$\overrightarrow{AO}$、$\overrightarrow{BO}$、$\overrightarrow{CO}$、$\overrightarrow{DO}$;

(3) 与 $\overrightarrow{DA}$ 共线的向量有 $\overrightarrow{BC}$、$\overrightarrow{CB}$、$\overrightarrow{AD}$.

融会贯通

共线向量的方向是相同的或相反的, 在共线向量概念的基础上再加限制条件而形成相等向量与相反向量. 相等向量的大小与方向两个要素完全相同, 而相反向量的大小相等, 方向相反.

践行新知

1. 如图, 已知向量 $\boldsymbol{a}$、$\boldsymbol{b}$, 求作 $\boldsymbol{a}+\boldsymbol{b}$.

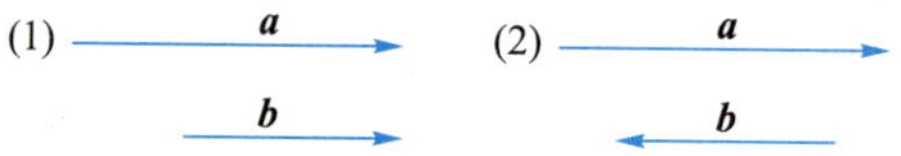

第 1 题图

2. 已知集合 $A=\{$与 $\boldsymbol{a}$ 共线的向量$\}$, 集合 $B=\{$与 $\boldsymbol{a}$ 长度相等的向量$\}$, 集合 $C=\{$与 $\boldsymbol{a}$ 长度相等, 方向相反的向量$\}$, 其中 $\boldsymbol{a}$ 为非零向量, 则下列命题中错误的是 (　　).

A. $C\subseteq A$　　B. $A\cap B=\{\boldsymbol{a}\}$

C. $C\subseteq B$　　D. $A\cap B\supseteq\{\boldsymbol{a}\}$

3. 如图, 正方形 $ABCD$ 的边长为 1, 两条对角线相交于点 O, 试用向量 $\overrightarrow{AB}$、$\overrightarrow{AD}$ 表示 $\overrightarrow{AO}$、$\overrightarrow{BO}$, 并求 $\overrightarrow{AO}$、$\overrightarrow{BO}$ 的模.

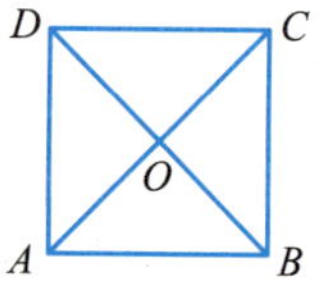

第 3 题图

第 4 讲 扭矩中的数乘向量

专业链接

汽车在起步时, 发动机产生的扭矩经传动系 (图 4–19) 放大, 使驱动车轮得到一个变大的扭矩, 使得汽车顺利起步.

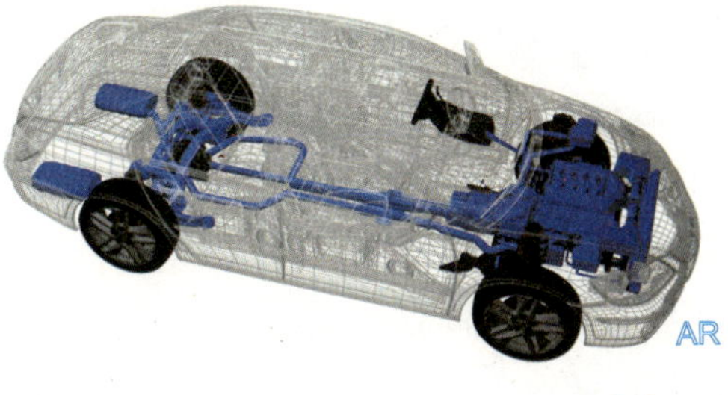

图 4–19

视频 4–8

扭矩中的数乘向量

发动机产生的扭矩与驱动车轮得到的扭矩都是我们数学上所学的向量, 而两者之间就是数乘向量的关系.

数学相关

观察思考

在图 4–1 中, 滑轮受到两股绳子的拉力 $\boldsymbol{F}_1$、$\boldsymbol{F}_2$, 且 $\boldsymbol{F}_1 = \boldsymbol{F}_2 = \boldsymbol{F}$, 因此, 物体受到向上的拉力应为 $\boldsymbol{F}_1 + \boldsymbol{F}_2 = 2\boldsymbol{F}$, 模是 $2|\boldsymbol{F}|$, 方向向上. 而物体所受的重力 $\boldsymbol{G} = -2\boldsymbol{F}$, 模是 $2|\boldsymbol{F}|$, 方向向下.

新知讲授

一般地, 任意实数 λ 与向量 $\boldsymbol{a}$ 的乘积 $\lambda\boldsymbol{a}$ 仍是一个向量, 这种运算叫做**数乘运算**.

视频 4–9

平面向量的数乘运算

向量 $\lambda\boldsymbol{a}$ 的模与方向规定如下:

(1) $|\lambda\boldsymbol{a}| = |\lambda||\boldsymbol{a}|$;

(2) 当 $\lambda > 0$ 时, $\lambda\boldsymbol{a}$ 的方向与 $\boldsymbol{a}$ 的方向相同; 当 $\lambda < 0$ 时, $\lambda\boldsymbol{a}$ 的方向与 $\boldsymbol{a}$ 的方向相反; 当 $\lambda = 0$ 或 $\boldsymbol{a} = \boldsymbol{0}$ 时, $\lambda\boldsymbol{a} = \boldsymbol{0}$.

已知向量 $\boldsymbol{a}$, 可作 $2\boldsymbol{a}, -2\boldsymbol{a}, \frac{1}{2}\boldsymbol{a}$, 如图 4–20 所示.

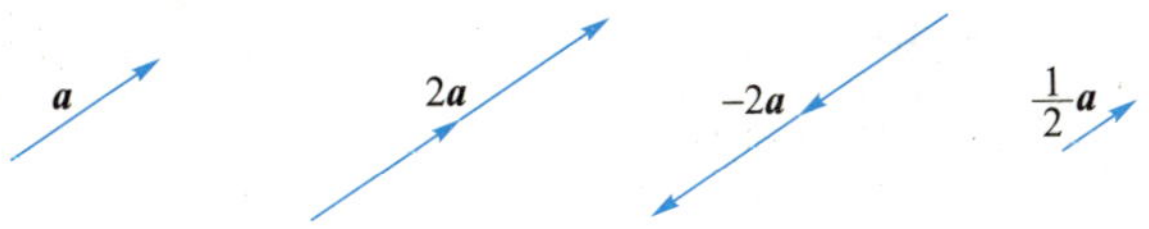

图 4–20

想一想

把公式 $|\lambda\boldsymbol{a}| = |\lambda||\boldsymbol{a}|$ 用自己的语言叙述一下?

数乘向量的几何意义是把向量 $\boldsymbol{a}$ 沿着与 $\boldsymbol{a}$ 相同或相反的方向放大或缩小. 向量的加法、减法与数乘, 通常叫做**向量的线性运算**.

不难验证，向量数乘运算满足以下运算律：

设 λ、$\mu \in \mathbf{R}$，则

(1) $(\lambda+\mu)\boldsymbol{a}=\lambda\boldsymbol{a}+\mu\boldsymbol{a}$;

(2) $\lambda(\mu\boldsymbol{a})=(\lambda\mu)\boldsymbol{a}$;

(3) $\lambda(\boldsymbol{a}+\boldsymbol{b})=\lambda\boldsymbol{a}+\lambda\boldsymbol{b}$.

试一试

对上述运算律，通过作图的方法来加以证明与理解.

由向量平行和数乘向量的定义可知：

如果 $\boldsymbol{a}=\lambda\boldsymbol{b}$，根据数乘向量的几何意义 $\boldsymbol{a}$ 与 $\boldsymbol{b}$ 一定是平行的. 反之，如果 $\boldsymbol{a}//\boldsymbol{b}(\boldsymbol{b}\neq\mathbf{0})$，那么 $\boldsymbol{a}$、$\boldsymbol{b}$ 一定是共线向量，则必定存在一个实数 λ，使得 $\boldsymbol{a}=\lambda\boldsymbol{b}$.

平行向量基本定理：如果向量 $\boldsymbol{b}\neq\mathbf{0}$，则 $\boldsymbol{a}//\boldsymbol{b}$ 的充要条件是，存在唯一的实数 λ，使得 $\boldsymbol{a}=\lambda\boldsymbol{b}$.

例如，由等式 $\overrightarrow{AB}=\frac{1}{2}\overrightarrow{CD}$ 可知，$\overrightarrow{AB}$ 与 $\overrightarrow{CD}$ 平行且方向一致，且 $|\overrightarrow{AB}|=\frac{1}{2}|\overrightarrow{CD}|$；反之亦然.

典型例题

例 1 化简：

(1) $2(\boldsymbol{a}+3\boldsymbol{b})-4(\boldsymbol{b}-\boldsymbol{a})$;

(2) $4\boldsymbol{a}+3(\boldsymbol{b}-\boldsymbol{a})$.

解 (1) $2(\boldsymbol{a}+3\boldsymbol{b})-4(\boldsymbol{b}-\boldsymbol{a})$

$=2\boldsymbol{a}+6\boldsymbol{b}-4\boldsymbol{b}+4\boldsymbol{a}$

$=6\boldsymbol{a}+2\boldsymbol{b}$;

(2) $4\boldsymbol{a}+3(\boldsymbol{b}-\boldsymbol{a})$

$=4\boldsymbol{a}+3\boldsymbol{b}-3\boldsymbol{a}$

$=\boldsymbol{a}+3\boldsymbol{b}$.

例 2 若 MN 是 $\triangle ABC$ 的中位线（图 4–21），求证：$MN=\frac{1}{2}BC$，且 $MN//BC$.

证明 因为 M,N 是 AB,AC 边上的中点，

所以

$$\overrightarrow{AM}=\frac{1}{2}\overrightarrow{AB},\ \overrightarrow{AN}=\frac{1}{2}\overrightarrow{AC},$$

$$\begin{aligned}\overrightarrow{MN}&=\overrightarrow{AN}-\overrightarrow{AM}\\&=\frac{1}{2}\overrightarrow{AC}-\frac{1}{2}\overrightarrow{AB}\\&=\frac{1}{2}(\overrightarrow{AC}-\overrightarrow{AB})\\&=\frac{1}{2}\overrightarrow{BC}.\end{aligned}$$

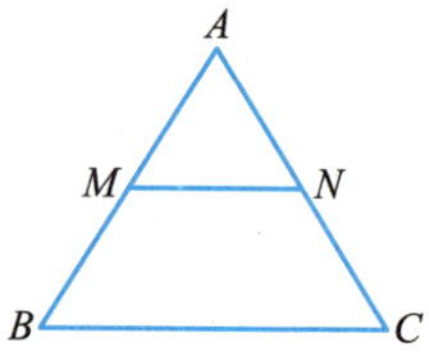

图 4–21

所以 $MN=\frac{1}{2}BC$，且 $MN//BC$.

融会贯通

向量加法及数乘运算在形式上与实数的有关运算规律相类似，比如去括号、移项、合并同类项等. 但是，要注意向量的运算与数的运算的实质意义是不同的. 两向量之间的等号说明了向量的大小与方向这两要素之间的关系.

践行新知

1. 如图，已知向量 $\boldsymbol{a}$，试作出 $3\boldsymbol{a}$，$-3\boldsymbol{a}$，$\frac{1}{3}\boldsymbol{a}$.

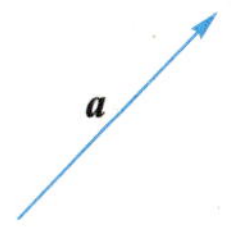

第 1 题图

2. 已知在 $\triangle ABC$ 中，$\overrightarrow{AM}=\frac{1}{3}\overrightarrow{AB}$，$\overrightarrow{AN}=\frac{1}{3}\overrightarrow{AC}$.

求证：$MN=\frac{1}{3}BC$，且 $MN//BC$.

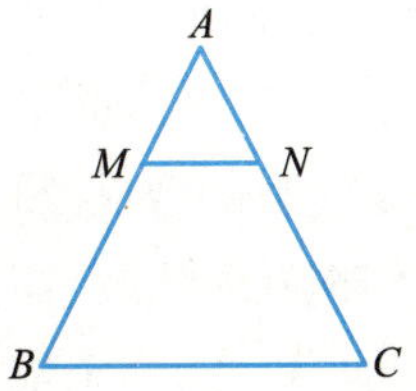

第 2 题图

3. 化简：

(1) $3(\boldsymbol{a}+2\boldsymbol{b})-2(\boldsymbol{b}-2\boldsymbol{a})$；　　(2) $2\boldsymbol{a}-5(\boldsymbol{b}-\boldsymbol{a})$；

(3) $\frac{1}{2}(3\boldsymbol{a}+2\boldsymbol{b})-(3\boldsymbol{a}-\boldsymbol{b})$；　　(4) $3(3\boldsymbol{a}+2\boldsymbol{b})-(3\boldsymbol{a}-\boldsymbol{b})$.

第 5 讲　向量的分解

专业链接

在发动机的燃烧室内，燃气燃烧产生的力 $\boldsymbol{F}$，并不能完全转化成使曲轴转动的有效力，有效力只是 $\boldsymbol{F}$ 经过两次分解后得到的一个分力 (图 4–22). 那么，燃气燃烧产生的这个力 $\boldsymbol{F}$ 是怎么分解的呢？

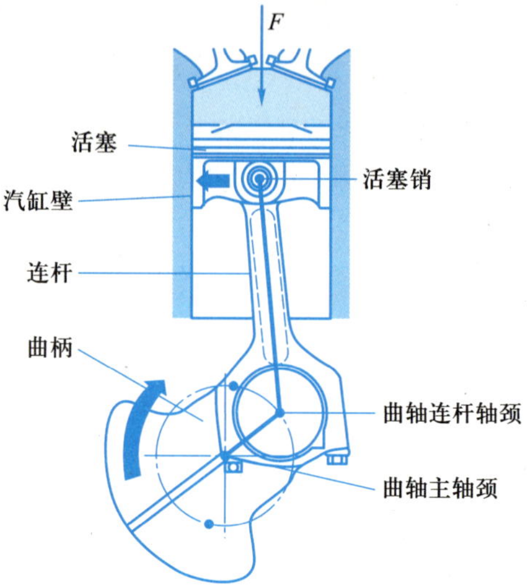

图 4–22

数学相关

观察思考

观察图 4–23，在向量加法的平行四边形法则中，$\overrightarrow{AB}+\overrightarrow{AC}=\overrightarrow{AD}$，我们把 $\overrightarrow{AD}$ 叫做 $\overrightarrow{AB}$ 与 $\overrightarrow{AC}$ 的和向量，两个或多个向量合成一个向量的过程就是向量的合成；反过来，$\overrightarrow{AD}=\overrightarrow{AB}+\overrightarrow{AC}$，我们把 $\overrightarrow{AB}$ 与 $\overrightarrow{AC}$ 叫做 $\overrightarrow{AD}$ 的分向量，把一个向量分为两个或多个分向量的和的过程就是向量的分解. 由此看出，向量分解是向量合成的逆运算，同样遵循平行四边形法则.

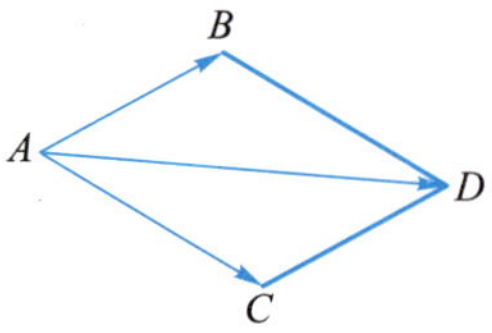

图 4–23

新知讲授

在图 4–23 中，根据平行四边形法则，我们可以对向量 $\overrightarrow{AB}$ 与 $\overrightarrow{AC}$ 作出唯一的和向量 $\overrightarrow{AD}$. 但是，若要把向量 $\overrightarrow{AD}$ 分解为两个分向量的和，其结果却不是唯一的. 我们知道，同一条对角线可作出无数个平行四边形. 因此，同一向量，若没有其他限制，可分解为无数对大小、方向不同的分向量. 在实际的分解过程中，经常把一个向量按照互相垂直的两个方向进行分解，即正交分解.

典型例题

下面我们通过几个实例来说明向量是怎么进行分解的.

例 1 如图 4–24(1)，试对行李箱进行受力分析，说明什么情况下可以拖动行李箱平移？

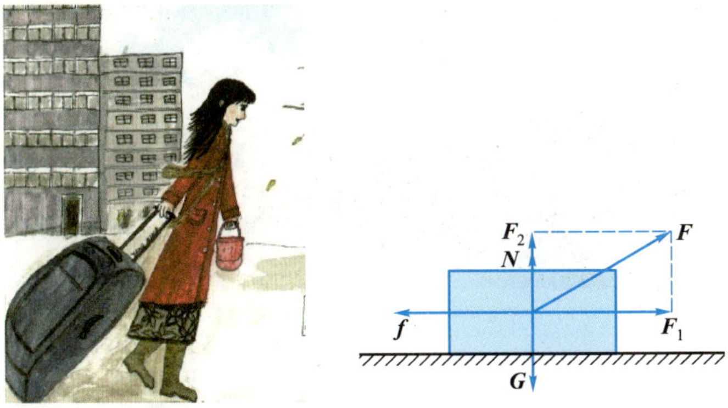

(1) (2)

图 4–24

分析 拉力对行李箱的作用效果,水平方向拉箱子的效果和竖直方向提箱子的效果.

解 如图 4–24 (2) 所示,行李箱前进时受到 4 个力: 竖直向下的重力 $\boldsymbol{G}$, 竖直向上的地面支撑力 $\boldsymbol{N}$, 地面摩擦力 $\boldsymbol{f}$, 人施加的斜向上方向的拉力 $\boldsymbol{F}$. 按照平行四边形法则, 拉力 $\boldsymbol{F}$ 可以分解为水平向前的分力 $\boldsymbol{F}_1$ 和竖直向上的分力 $\boldsymbol{F}_2$.

在竖直方向上,行李箱没有运动,即保持力的平衡 $\boldsymbol{N}+\boldsymbol{F}_2=\boldsymbol{G}$; 在水平方向上, 当 $\boldsymbol{F}_1>\boldsymbol{f}$ 时, 行李箱可以平移前进.

例 2 如图 4–25 所示,把一个物体放在倾斜角为 θ 的斜面上,物体受到竖直向下的重力,但它并不能竖直下落. 从力的作用效果看,应当怎样将重力分解? 两个分力的大小与斜面的倾斜角有什么关系?

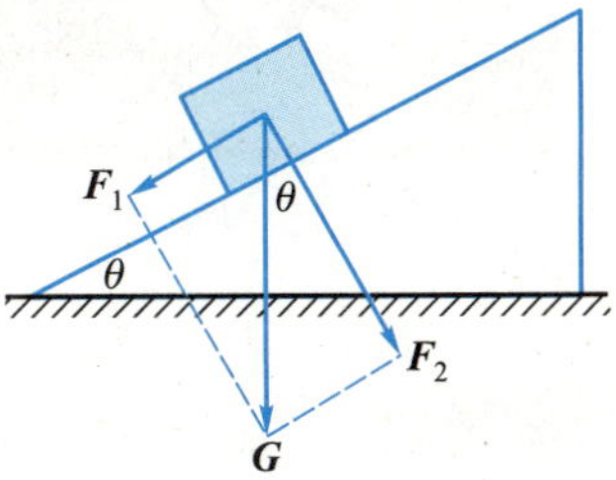

图 4–25

分析 重力 $\boldsymbol{G}$ 的作用效果: (1) 使物体沿斜面向下滑动; (2) 使物体压紧斜面.

解 如图 4–25 所示,重力 $\boldsymbol{G}$ 可以分解为使物体沿斜面向下滑动的力 $\boldsymbol{F}_1$ 和使物体压紧斜面的力 $\boldsymbol{F}_2$, 则 $F_1=G\sin\theta$, $F_2=G\cos\theta$.

当斜面的倾角 θ 增大时, F_1 增大, F_2 减小.

由此可见, 车辆上桥时, 分力 $\boldsymbol{F}_1$ 阻碍车辆前进, 车辆下桥时, 分力 $\boldsymbol{F}_1$ 使车辆运动加快. 所以为了行车方便与安全, 高大的桥要造很长的引桥 (图 4–26), 来减小桥面的坡度.

例 3 在日常生活中有时会碰到这种情况: 当汽车陷于泥坑中时, 汽车驾驶员按图 4–27 (1) 所示的方法, 用钢索把汽车和大树拴紧, 在钢索的中央用较小的垂直于钢索的侧向力就可以将汽车

图 4–26

视频 4–10
汽车救援中的向量分解

拉出泥坑. 你能否用学过的知识对这一方法作出解释.

解 如图 4–27(1) 所示, 侧向力 F 作用于钢索点 O, 则点 O 将沿力 $\boldsymbol{F}$ 的方向发生很小的移动, 使得 A、O、B 不在同一条直线上, 形成一个非常接近 180° 的角.

如图 4–27(2), 按照平行四边形法则, 人施加的侧向拉力 $\boldsymbol{F}$ 可以分解出沿拉车绳子 OB 反方向的一个分力 $\boldsymbol{F}'$. 显然 $\boldsymbol{F}'$ 的大小取决于拉点 O 处两段绳子所形成的角度, 由于 $\angle AOB$ 趋近于 180°, 故所施加的侧向拉力 $\boldsymbol{F}$ 即使很小, 也能形成很大的分力 F', 足以拉动汽车.

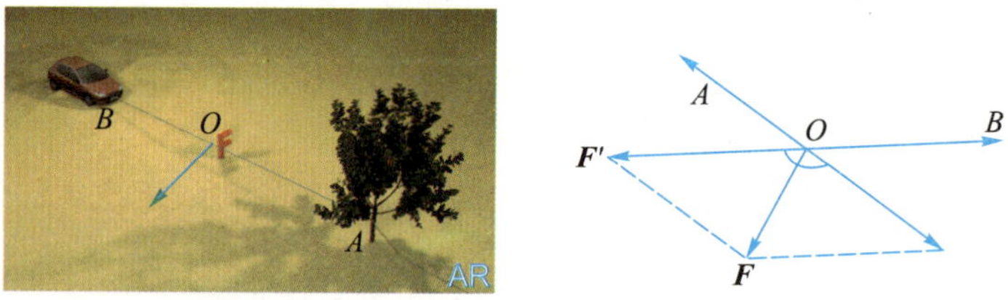

(1) (2)

图 4–27

融会贯通

图 4–28(1) 气缸内混合气燃烧时产生的气压力 $\boldsymbol{F}_{\mathrm{P}}$ 在活塞销处分解为 $\boldsymbol{F}_{\mathrm{P}_1}$ 和 $\boldsymbol{F}_{\mathrm{P}_2}$, $\boldsymbol{F}_{\mathrm{P}_2}$ 称侧压力, 它使活塞的一个侧面压向气缸壁, 造成该侧磨损严重; 图 4–28(2) 中, $\boldsymbol{F}_{\mathrm{P}_1}$ 经连杆传给连杆轴颈, 在连杆轴颈处再次分解为 $\boldsymbol{F}_{\mathrm{R}}$ 和 $\boldsymbol{F}_{\mathrm{S}}$, $\boldsymbol{F}_{\mathrm{R}}$ 使曲轴主轴颈处受压, $\boldsymbol{F}_{\mathrm{S}}$ 为周向产生转矩的力, 即促使发动机旋转的力, 由此产生发动机的转矩 $\boldsymbol{F}_{\mathrm{S}} \cdot \boldsymbol{R}$.

视频 4–11
发动机扭矩的产生

践行新知

1. 幼儿园的滑梯为什么要设计得比较陡?

2. 如图一辆货车牵引一客车, 牵引绳与水平方向的夹角是 40°, 当牵引绳的拉力达到 5 kN 时, 后面客车启动. 此时客车受到的水平牵引力是多少?

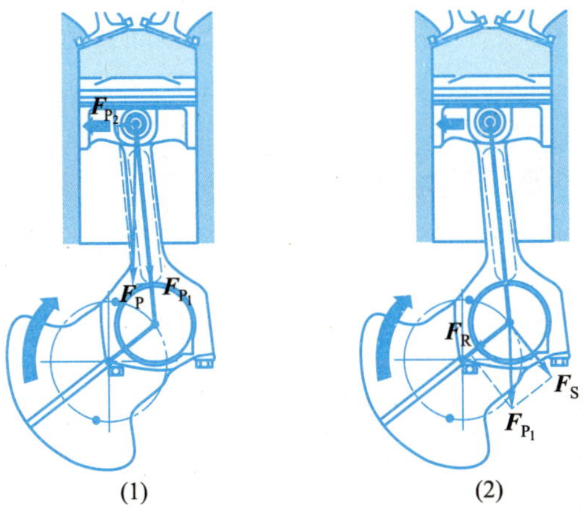

图 4-28

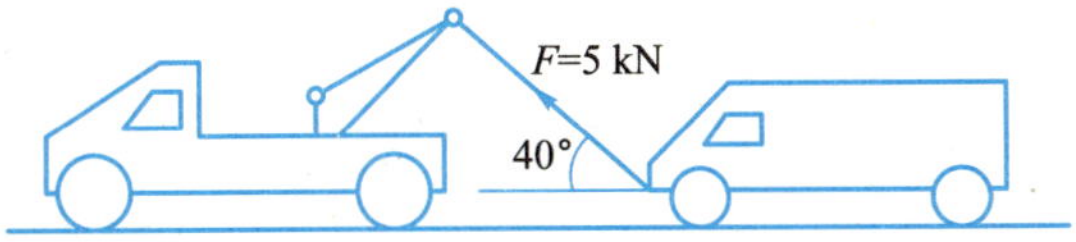

第 2 题图

3. 跨江大桥两边一排排的斜拉绳索起到什么作用?

【阅读资料】

向量在生活中的应用

在日常生活中，你是否有过这样的经验：两个人共提一个旅行包，夹角越大越费力；在单杠上做引体向上运动，两臂的夹角越小越省力. 你能用向量的知识解释这种现象吗?

实际上以上两例都是与向量加法的平行四边形有关的，可以从物理学角度去分析合力 F 与两分力夹角 θ 的关系.

我们先利用实验来验证力的合成遵循平行四边形法则.

实验仪器：几个弹簧秤、橡皮条、细绳、刻度尺.

1. 根据提供的实验仪器可以设计：将橡皮条一端固定，使两个弹簧秤拉橡皮条另一端和一个弹簧秤拉的形变一样. 通过改变橡皮条的形变情况，将实验数据用力的图示在纸上表示出来(图 4-29). 具体步骤如下:

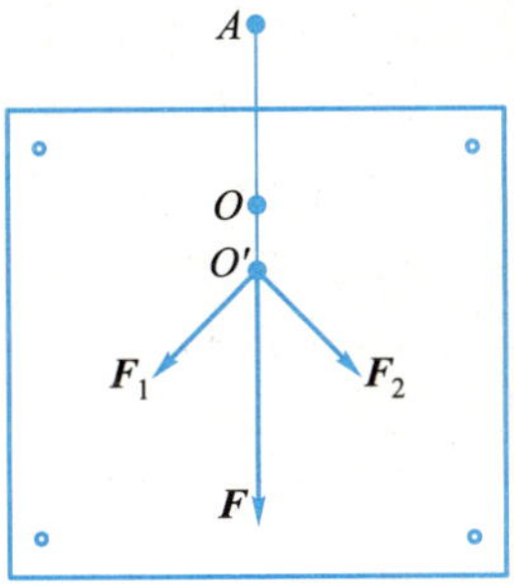

图 4-29

(1) 把木板固定在黑板上，用图钉把白纸固定在木板上.

(2) 用图钉把橡皮条一端固定在点 A，结点自然状态在点 O，结点上系着细绳，细绳的另一端系着绳套.

(3) 用两弹簧秤分别勾住绳索，互成角度地拉橡皮条，使结点到达点 O'. 记下点 O' 的位置，用铅笔和刻度尺在白纸上从点 O' 沿两条细绳的方向画线，记下 F_1、F_2 的大小.

(4) 放开弹簧秤，使结点重新回到点 O，再用一只弹簧秤，通过细绳把橡皮条的结点拉到点 O'，读出弹簧秤的示数 F，记下细绳的方向，按同一标度作出 F 的图示.

(5) 用三角板以 F_1、F_2 为邻边作平行四边形，在误差范围内，F 几乎是 F_1、F_2 为邻边的平行四边形的对角线.

经过多次、精细的实验，最后确认，对角线的长度、方向、跟合力的大小、方向一致，即对角线与合力重合，也就是说，对角线就表示 F_1、F_2 的合力.

2. 经分析，初步发现：两个互成角度的力的合力，可以用表示这两个力的线段作邻边，作平行四边形，所夹的对角线就表示合力的大小和方向.

当两个分力的大小一定，而夹角变大或变小时，合力大小会怎样变化？其变化范围是怎样的？

如图 4–30 所示，$\boldsymbol{F}_{\max} = \boldsymbol{F}_1 + \boldsymbol{F}_2$（两力夹角为 0°）；$\boldsymbol{F}_{\min} = \boldsymbol{F}_1 - \boldsymbol{F}_2$（两力夹角为 180°，$\boldsymbol{F}_{\min}$ 与分力中大的方向一致）；夹角在 0° ~ 180° 之间，则合力介于 $\boldsymbol{F}_{\min}$ 与 $\boldsymbol{F}_{\max}$ 之间.

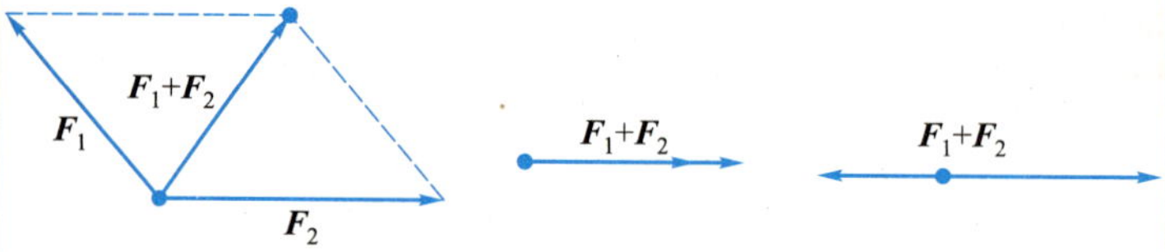

图 4–30

所以，两个分力大小一定，夹角越大，合力越小；夹角越小，合力越大. 当夹角等于 0°，合力最大；当夹角等于 180°，合力最小.

总结 力的合成并不是将两个力简单相加或相减，合力可能大于、等于或小于任何一个分力；合力的方向一般也与两个分力的方向不同.

所以，两个人共同提一包或单杠上做引体向上运动问题我们就迎刃而解. 实际上，向量在日常生活中随处可见，理应成为我们所了解的数学基本常识. 希望在以后的学习中，同学们善于发现问题，利用所学知识来解决问题.

专题五　汽车中的立体几何

汽车的零部件形状和大小多种多样，并且都占据着一定的空间．把它们的形状抽象出来，可以发现，这些物体大多是由一些简单的几何体——柱体、锥体、台体和球体组合或切割而成（图 5–1）．掌握这些简单几何体的相关知识，对汽修专业知识的学习尤为重要．

通过对空间几何体的整体观察，帮助同学们认识其结构特征，培养和发展空间想象能力以及运用图形语言进行交流的能力．

本专题我们将在小学和初中学习的一些简单几何体的基础上，继续学习与我们所学专业有关的立体几何知识，以便为专业理论和技能的学习打下良好基础．

图 5–1

第 1 讲　发动机中的异面直线

视频 5–1
发动机中的异面直线

专业链接

发动机是汽车的动力来源，其中活塞销轴线和连杆轴颈轴线理论上是两条平行的直线（图 5–2(1)），但在发动机的运行过程中，由于受力不均或不正当操作等原因会造成连杆变形，有可能会使两条轴线发生错位，变成两条既不平行也不相交的直线（图 5–2(2)）．活塞销与连杆之间的运动情况可扫描图 5–3 进行观察．

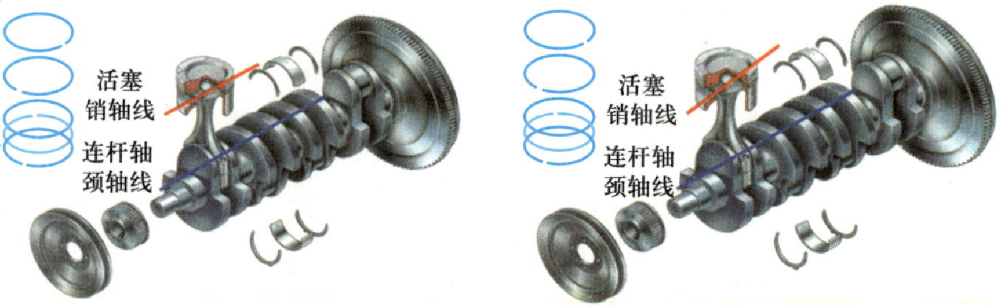

(1)　　(2)

图 5–2

图 5–3

数学相关

观察思考

我们来看一个生活中的例子，把两支铅笔平行放在桌面上（图 5–4），抬起一支铅笔的一端（图 5–5），在桌面所在的平面的衬托下，此时两支铅笔所在的直线也是既不平行也不相交，不同在任何一个平面内．

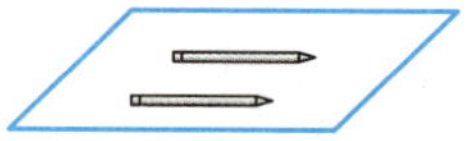

图 5–4

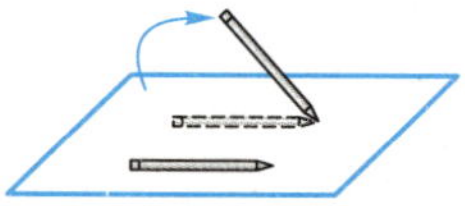

图 5–5

新知讲授

我们把不同在任何一个平面内的两条直线叫做**异面直线**．

在画两条异面直线时，常用一个平面做衬托，如图 5–6 所示. 一般地，判定两条直线是异面直线的方法为：**过平面内一点与平面外一点的直线，和这个平面内不经过该点的直线是异面直线.**或者，如图 5–7 所示，在相交的两个平面内分别画两条与交线相交但不交于同一点的直线，这两条直线也是异面直线.

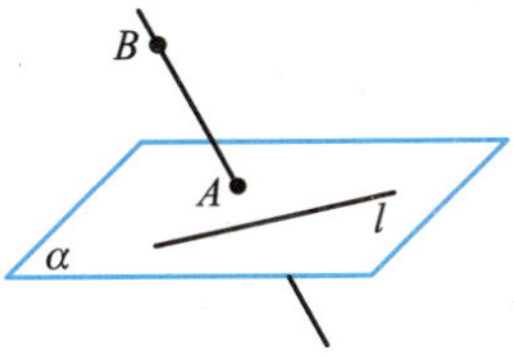

图 5–6

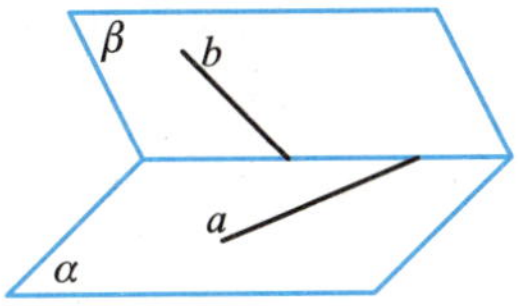

图 5–7

> **想一想**
>
> 两支相交放置的铅笔，类似以上操作会出现怎样的位置关系？

两条相交直线的夹角是这两条直线相交所成的最小正角，其取值范围是 $(0°, 90°]$，当两条相交直线的夹角等于 90° 时，称这两条相交直线互相垂直. 那么异面直线所成的角如何表示？如何计算呢？

视频 5–2
异面直线的画法

如图 5–8(1) 所示，a, b 是两条异面直线，经过空间任意一点 O，作直线 $a'//a, b'//b$（图 5–8(2)），则相交直线 a' 和 b' 所成的角叫做**异面直线 a, b 所成的角**. 为了简便，点 O 常取在两条异面直线中的一条上（图 5–8(3)）.

> **想一想**
>
> 分别在两个平面内的直线一定是异面直线吗？

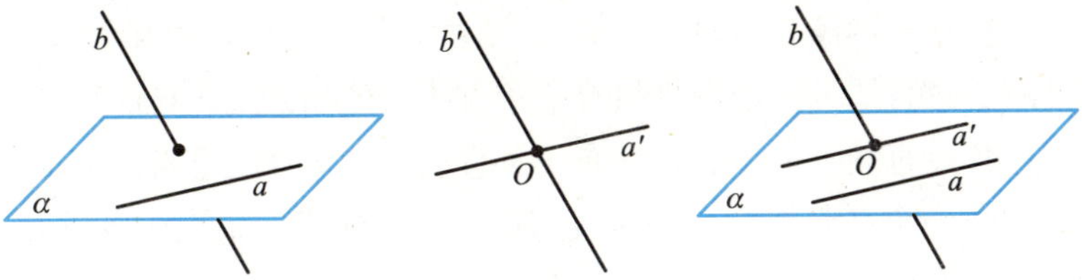

(1)　(2)　(3)

图 5–8

由异面直线所成的角的定义可知，异面直线所成的角取值范围是 $(0°, 90°]$. 若两条异面直线所成的角是直角，则称这**两条异面直线垂直**. 两条互相垂直的异面直线 a, b，记作 $a \perp b$.

视频 5–3
两条异面直线所成的角

典型例题

例　如图 5–9 所示，已知正方体 $ABCD - A'B'C'D'$，

(1) 哪些棱所在的直线与棱 BB' 所在的直线是异面直线？

(2) 求直线 DC 与 CD' 所成的角的度数；

(3) 求异面直线 AB 与 CD' 所成的角的度数.

解　(1) 由异面直线的定义可知，棱 $AD, A'D', CD, C'D'$ 所在的直线分别与棱 BB' 所在的直线是异面直线；

(2) 在 $\triangle DCD'$ 中, 因为 $\angle CDD' = 90°$, $DC = DD'$, 所以 $\angle DCD' = 45°$, 所以直线 DC 与 CD' 所成的角是 $45°$;

(3) 因为 $AB // DC$, 直线 DC 与 CD' 所成的角 $\angle DCD'$ 就是直线 AB 与 CD' 所成的角, 所以直线 AB 与 CD' 所成的角是 $45°$.

融会贯通

在进行汽车修理时, 我们一般使用连杆检验仪 (图 5–10) 来测量活塞销轴线和连杆轴颈轴线的位置, 若两条轴线不是平行直线, 则可断定连杆发生变形, 需要更换.

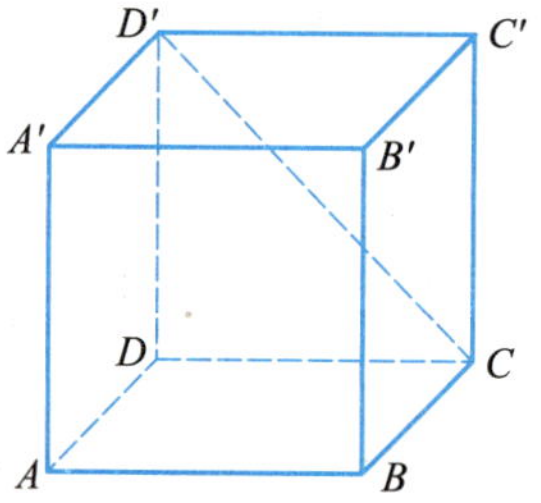

图 5–9

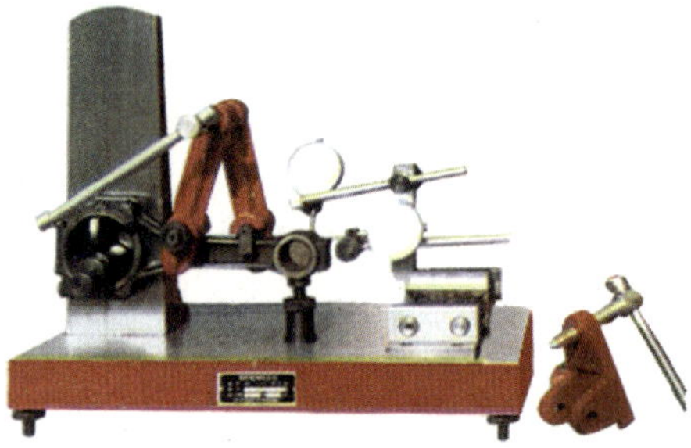

图 5–10

践行新知

1. 判断下列命题是否正确:

(1) 如果两条直线没有公共点, 则这两条直线是异面直线;

(2) 过直线外一点有且只有一条直线与已知直线成异面直线;

(3) 过直线外一点有且只有一条直线与已知直线垂直;

(4) 一个平面内的一条直线与该平面外任意一条直线成异面直线;

(5) 设 a, b, c 为空间三条直线, 已知 $a // b$, 若 a 与 c 异面, 则 b 与 c 异面.

2. 已知正方体 $ABCD - A'B'C'D'$, 如图所示,

(1) 哪些棱所在直线与棱 DD' 所在的直线是异面直线?

(2) 求异面直线 BC 与 $A'D$ 所成的角的度数;

(3) 求异面直线 AC 与 $A'D$ 所成的角的度数.

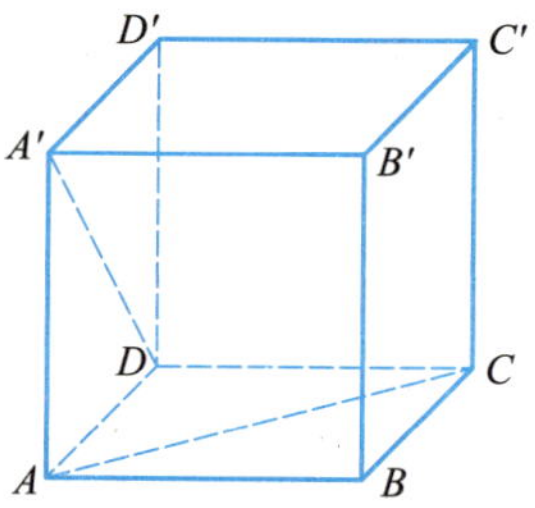

第 2 题图

3. 在两个相交平面内各画一条直线, 使它们成为:

(1) 平行直线; (2) 相交直线; (3) 异面直线.

第 2 讲 气缸中的柱体的体积

专业链接

如图 5–11 所示, 汽车发动机缸体上的气缸是若干个圆柱形的空腔, 其作用是容纳活塞并保持活塞往复直线运动. 汽车的排气量就是发动机所有气缸的工作容积之和, 即汽车全部气缸内活塞上下移动时所经过的圆柱体的体积, 单位为 L ($1\ L=1\ 000\ 000\ mm^3$).

视频 5–4
气缸中的柱体的体积

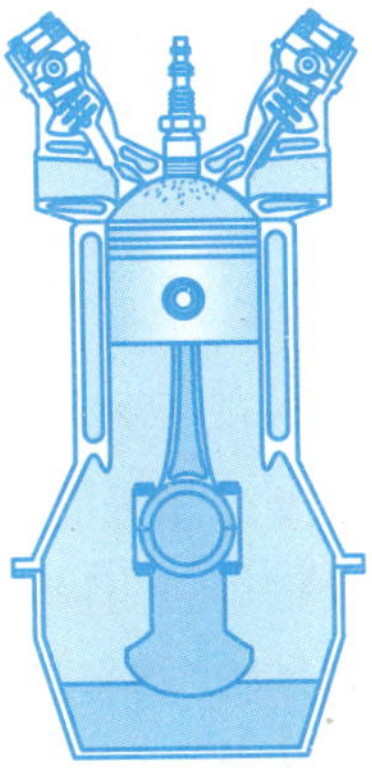

图 5–11

想一想

柱体如何分类?

数学相关

观察思考

生活中, 形如柱体的东西有很多, 如图 5–12 所示.

图 5–12

新知讲授

1. 圆柱

以矩形的一边所在直线为旋转轴, 其余各边绕其旋转形成的曲面 (或平面) 所围成的几何体叫做**圆柱** (图 5–13). 旋转轴叫做圆柱的**轴**. 垂直于轴的边旋转形成的圆面叫做圆柱的**底面**. 平行于轴的边旋转而成的曲面叫做圆柱的**侧面**, 无论旋转到什么位置,这条边都叫做圆柱的**母线**. 两个底面间的距离叫做圆柱的**高**. 圆柱用表示轴的字母表示. 图 5–13 中的圆柱记作圆柱 OO'.

动画 5–1
圆柱的生成

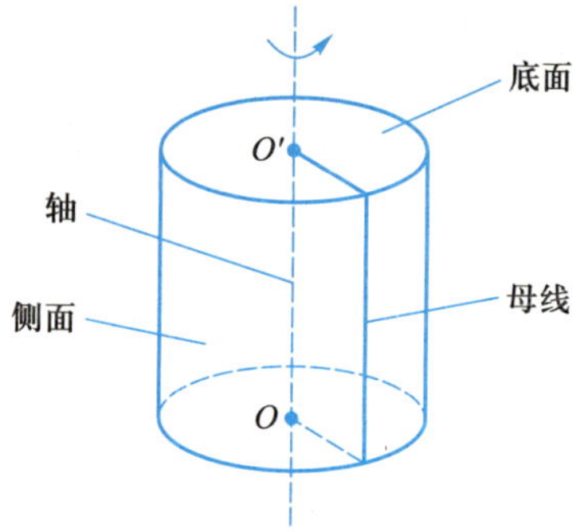

图 5–13

观察圆柱, 可以得到圆柱的下列性质:

(1) 圆柱的两个底面是半径相等的圆, 且互相平行;

(2) 圆柱的母线平行且相等, 并且等于圆柱的高;

(3) 平行于底面的截面是圆, 其半径与底面半径相等;

(4) 经过轴的截面 (叫做轴截面) 是矩形, 其相邻两边的边长分别与底面的直径和圆柱的高相等.

2. 棱柱

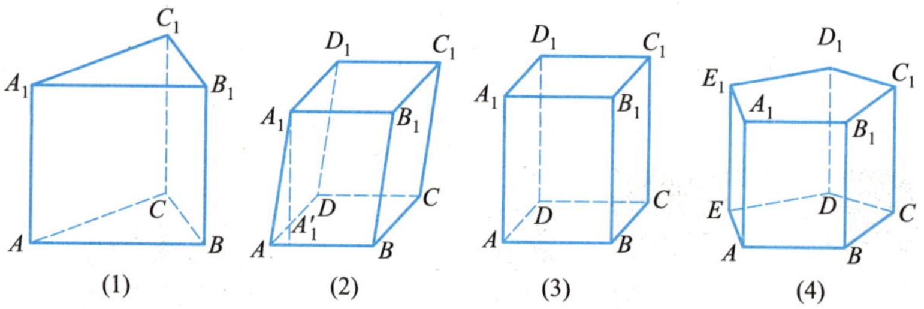

图 5–14

观察图 5–14 所示的多面体, 可以发现它们具有如下特征:

(1) 有两个面互相平行, 其余各面都是平行四边形;

(2) 每相邻两个四边形的公共边互相平行.

具有上述特征的几何体叫做**棱柱**. 互相平行的两个面, 叫做**棱柱的底面**. 其余各面叫做棱柱的**侧面**. 相邻两个侧面的公共边叫做**棱柱的侧棱**. 侧面与底面的公共顶点叫做**棱柱的顶点**. 两个底面间的距离叫做**棱柱的高**.

表示棱柱时, 通常分别顺次写出两个底面各个顶点的字母, 中间用一条短横线隔开, 例如, 图 5–15 所示的棱柱记作棱柱 $ABCDE-A'B'C'D'E'$. 棱柱也可用其一条对角线两个端点的字母来表示, 如棱柱 AD'.

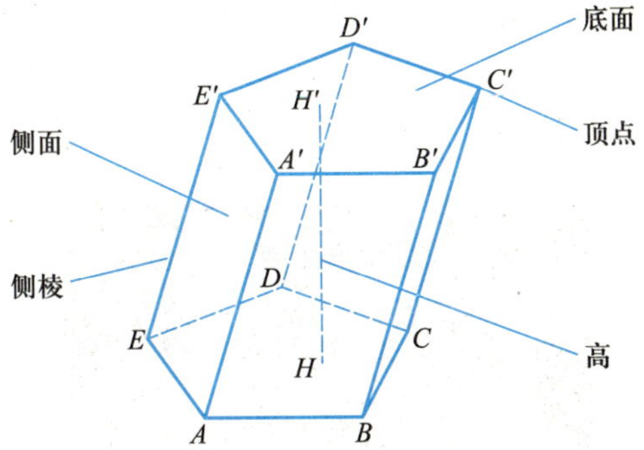

图 5–15

侧棱垂直于底面的棱柱叫做**直棱柱**, 如图 5–14(1)、(3) 和 (4) 所示; 侧棱不垂直于底面的棱柱叫做**斜棱柱**, 如图 5–14(2) 所示; 底面是正多边形的直棱柱叫做**正棱柱**.

正棱柱有下列性质:

(1) 侧棱垂直于底面, 各侧棱长都相等, 并且等于正棱柱的高;

(2) 两底面中心的连线是正棱柱的高.

棱柱的底面可以是三角形、四边形、五边形等, 相应地, 棱柱也可以叫做**三棱柱**、**四棱柱**、**五棱柱**等.

想一想

棱柱的侧棱都相等吗? 两个底面是否为全等图形?

3. 柱体的体积

柱体 (棱柱、圆柱) 的体积 $V_{柱体}$ 等于它的底面积 S 和高 h 的积, 即

$$V_{柱体} = Sh.$$

典型例题

例 1 (1) 圆柱的底面半径为 4, 高为 5, 求这个圆柱的体积;

(2) 正四棱柱的底面边长为 2, 高为 3, 求这个正四棱柱的体积.

解 (1) 由题意得, 圆柱的底面面积为

$$S = \pi \times 4^2 = 16\pi,$$

则这个圆柱的体积为

$$V = 16\pi \times 5 = 80\pi;$$

(2) 由题意得, 正四棱柱的底面面积为

$$S = 2^2 = 4,$$

则正四棱柱的体积为

$$V = 4 \times 3 = 12.$$

例 2 如图 5–16 所示，某汽车发动机采用四缸直列式，经测量气缸的直径为 65 mm，活塞行程为 72 mm，求该汽车发动机的排气量约为多少升 (精确到 0.1 L)?

图 5–16

解 由题意得，气缸半径 $r = \frac{65}{2} = 32.5$ (mm)，气缸高 $h = 72$ mm，所以一个气缸的工作容积为

$$V = \pi r^2 h = \pi \times 32.5^2 \times 72 \approx 238\,797\ (\text{mm}^3);$$

因为发动机采用四缸直列式，所以发动机的排气量为

$$238\,797 \times 4 = 955\,188\ (\text{mm}^3) \approx 1.0\ (\text{L}).$$

融会贯通

柱体是生活中常见的几何体，汽车中很多的零部件都是圆柱或棱柱形，其中棱柱是多面体，圆柱是旋转体. 柱体体积的计算在汽车上也有着广泛的应用. 比如，我们可以根据汽车说明书上给出的发动机参数计算发动机排气量是否与实际相符，从而挑选出自己心仪的汽车.

践行新知

1. (1) 面积为 4 的正方形，绕其一边旋转一周，求所得几何体的体积;

(2) 正三棱柱底面边长为 2，侧棱长为 3，求这个三棱柱的体积.

2. 已知圆柱的高为 1 cm，体积为 4π cm^3，求圆柱的底面半径.

3. 丰田卡罗拉轿车采用 1ZR–FE 发动机，缸径为 80.5 mm，活塞行程为 78.5 mm; 日产轩逸采用 HR16DE 发动机，缸径为 78.0 mm，活塞行程为 83.6 mm，两款汽车都是四个气缸; 请问哪款汽车的发动机的排气量比较大?

4. 某汽车发动机采用四缸直列式，排气量为 1.8 L，经测量气缸的直径为 65 mm，求该汽车发动机的活塞行程约为多少毫米 (精确到 0.01 mm)?

5. 如图所示，已知铁质六角螺帽的底面是正六边形，边长为 12 mm，内孔直径为 10 mm，高为 10 mm，求 10 个这种规格的铁制螺帽的重量约为多少克（铁的密度是 7.8 g/cm^3，精确到 0.01 g）?

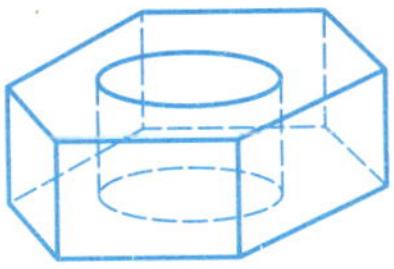

第 5 题图

第 3 讲　柱体的表面积

专业链接

汽车发动机缸体上的气缸是若干个圆柱形的空腔，发动机在工作时，气缸内的活塞就会进行往复直线运动，所以气缸的磨损面积即气缸内部圆柱形空腔的侧面积.

视频 5–5
柱体的表面积

如图 5–17 所示，油桶是一个近似的圆柱体，为了防止生锈，油桶的外表面一般要刷一层防锈油漆，计算刷漆的面积即计算圆柱体的表面积.

图 5–17

那柱体的侧面积与表面积如何计算呢?

数学相关

空间几何体的所有侧面的面积之和，叫做**空间几何体的侧面积**. 空间几何体的侧面积与所有底面面积之和，叫做**空间几何体的表（全）面积**.

观察思考

我们将圆柱沿一条母线剪开后展开在一个平面上，如图 5–18 所示，圆柱的侧面展开图是矩形，这个矩形的长等于圆柱的底面周长 c，宽等于圆柱的母线长 h.

把直棱柱的侧面沿一条侧棱剪开后展开在一个平面上，如图 5–19 所示，直棱柱的侧面展开图也是矩形，这个矩形的长等于直棱柱的底面周长 c，宽等于直棱柱的高 h.

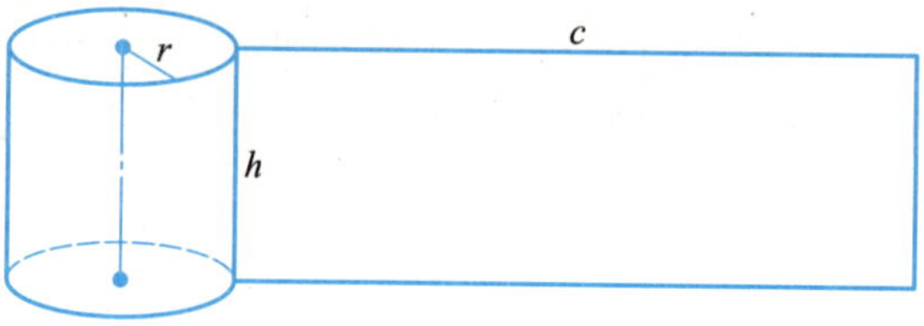

图 5–18

想一想

斜棱柱的侧面展开图是什么图形?

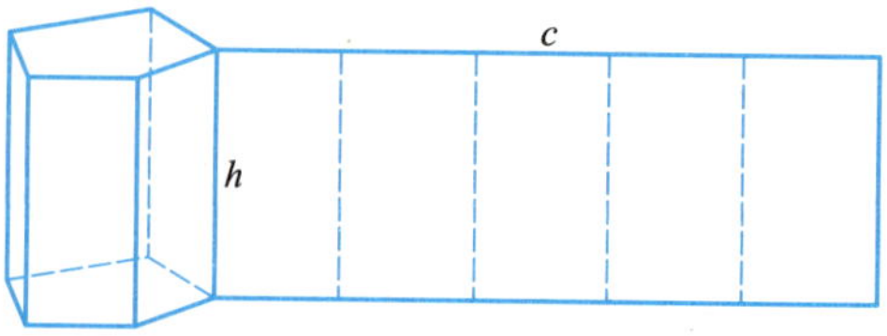

图 5–19

新知讲授

圆柱与直棱柱的侧面积 $S_{侧}$ 等于它的底面周长 c 和高 h 的积, 即

$$S_{侧} = ch.$$

圆柱与直棱柱的表面积 $S_{表}$ 等于它的侧面积 $S_{侧}$ 与它的底面积 $S_{底}$ 的 2 倍的和, 即

$$S_{表} = ch + 2S_{底}.$$

典型例题

例 1 (1) 已知一个圆柱的底面半径为 3 cm, 母线长为 2 cm, 求这个圆柱的侧面积与表面积;

(2) 已知一个正三棱柱的底面边长为 4 cm, 高为 5 cm, 求这个正三棱柱的侧面积与表面积.

解 (1) 圆柱的侧面积为

$$S_{侧} = ch = 2\pi \times 3 \times 2 = 12\pi\ (\text{cm}^2),$$

圆柱的底面积为

$$S_{底} = \pi \times 3^2 = 9\pi\ (\text{cm}^2),$$

所以圆柱的表面积为

$$S_{表} = 12\pi + 2 \times 9\pi = 30\pi\ (\text{cm}^2);$$

(2) 正三棱柱的侧面积为

$$S_{侧} = ch = 3 \times 4 \times 5 = 60\ (\text{cm}^2),$$

正三棱柱的底面积为

$$S_{底} = \frac{1}{2} \times 4 \times \sqrt{4^2 - 2^2} = 4\sqrt{3}\ (\text{cm}^2),$$

所以正三棱柱的表面积为

$$S_{表} = 60 + 2 \times 4\sqrt{3} = (60 + 8\sqrt{3})\ (\text{cm}^2).$$

例 2 如图 5–20 所示, 水立方是一个长方体, 经测量, 它的长、宽、高分别为 177 m、177 m 和 30 m, 现要对水立方的外表面进行清洗, 求清洗的面积为多少平方米?

图 5–20

解 水立方的侧面积为

$$S_{侧} = 177 \times 4 \times 30 = 21\ 240\ (\text{m}^2),$$

水立方的上底面积为

$$S_{上底} = 177 \times 177 = 31\ 329\ (\text{m}^2)$$

清洗的外表面的面积为

$$S_{侧} + S_{上底} = 21\ 240 + 31\ 329 = 52\ 569\ (\text{m}^2)$$

例 3 如图 5–17 所示, 圆柱形油桶底面半径为 0.29 m, 高为 0.93 m, 把一个这样的油桶外表面全都刷上防锈油漆, 忽略其他因素, 求刷漆的面积约为多少平方米 (精确到 0.01 m^2)?

解 油桶的侧面积为

$$S_{侧} = 2\pi \times 0.29 \times 0.93 = 0.539\ 4\pi\ (\text{m}^2),$$

油桶的一个底面的面积为

$$S_{底} = \pi \times 0.29^2 = 0.084\ 1\pi\ (\text{m}^2),$$

所以油桶的表面积为

$$S_{表} = 0.539\,4\pi + 2 \times 0.084\,1\pi = 0.707\,6\pi\,(m^2) \approx 2.22\,(m^2).$$

所以刷漆的面积约为 2.22 m^2.

融会贯通

柱体的侧面积和表面积公式的推导方法，是把空间问题转化为平面问题的思想方法的典型应用. 为我们学习推导锥体、台体的侧面积和表面积公式提供了思路，也为在生活中解决实际问题提供了方法.

践行新知

1. (1) 面积为 4 的正方形，绕其一边旋转一周，求所得几何体的表面积;

(2) 正三棱柱底面边长为 2，侧棱长为 3，求这个三棱柱的表面积.

2. 已知圆柱的高为 1 cm，侧面积为 4π cm^2，求圆柱的底面半径.

3. 丰田卡罗拉轿车采用 1ZR–FE 发动机，缸径为 80.5 mm，活塞行程为 78.5 mm；日产轩逸采用 HR16DE 发动机，缸径为 78.0 mm，活塞行程为 83.6 mm；两款汽车都是四个气缸，请问哪款汽车发动机的气缸磨损面积比较大？

4. 如图所示，已知铁质六角螺帽的底面是正六边形，边长为 12 mm，内孔直径为 10 mm，高为 10 mm，把 10 个这种规格的铁制螺帽刷上漆，求刷漆的面积为多少平方毫米？

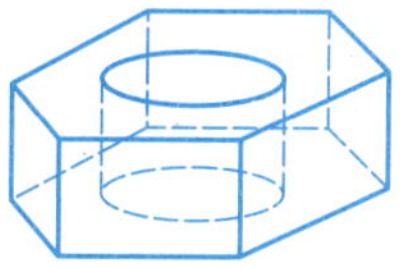

第 4 题图

第 4 讲　锥体的体积

专业链接

柴油机孔式喷油器是一种向柴油机燃烧室喷射高压燃油的装置. 根据不同柴油机要求，将高压油泵来的柴油雾气，以一定的喷油压力、喷雾细度、喷油规律、射程和喷雾锥角喷入燃烧室特定位置，与空气混合燃烧. 如图 5–21 所示，柴油机孔式喷油器的针阀的头部是一个锥体.

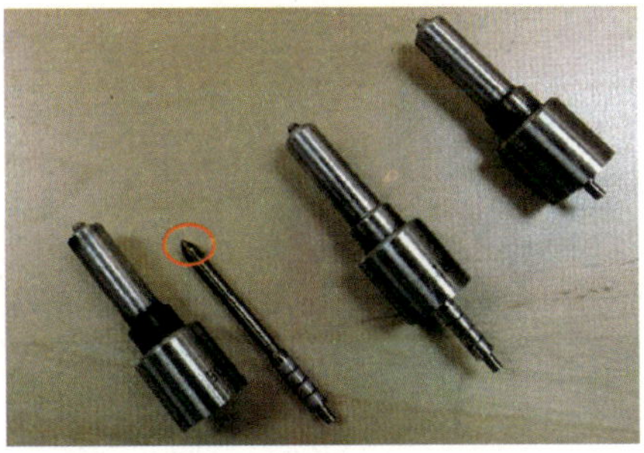

图 5-21

视频 5-6
锥体的体积

数学相关

观察思考

如图 5-22 所示，生活中有很多形如锥体的物体.

图 5-22

新知讲授

1. 圆锥

以直角三角形的一条直角边所在的直线为旋转轴，其余两边绕其旋转而形成的曲面（或平面）所围成的几何体叫做**圆锥**（图 5-23）. 旋转轴叫做圆锥的**轴**. 另一条直角边旋转而成的圆面叫做圆锥的**底面**. 斜边旋转而成的曲面叫做圆锥的**侧面**. 无论旋转到什么位置，斜边都叫做圆锥的**母线**. 母线与轴的交点叫做圆锥的**顶点**. 顶点到底面的距离叫做圆锥的**高**.

想一想

锥体如何分类?

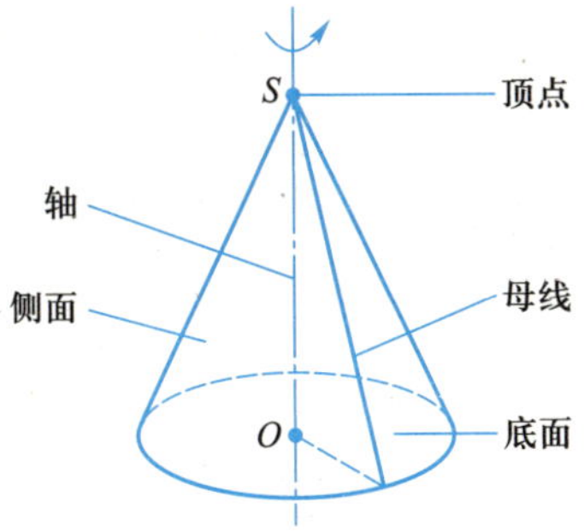

图 5-23

动画 5-2
圆锥的生成

圆锥用表示轴的字母表示. 如图 5–23 所示的圆锥记作圆锥 SO.

2. 棱锥

观察图 5–24 所示的多面体, 可以发现它们具有如下特征: 有一个面是多边形, 其余各面都是三角形, 并且这些三角形有一个公共顶点.

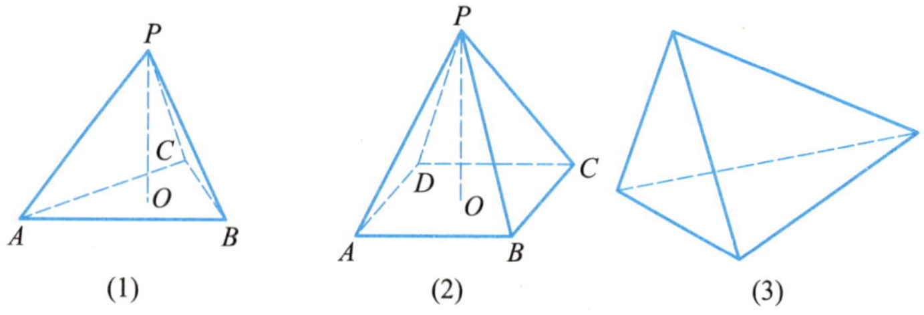

图 5–24

具有上述特征的几何体叫做**棱锥**. 多边形叫做棱锥的**底面(简称底)**. 有公共顶点的三角形面叫做棱锥的**侧面**. 各侧面的公共顶点叫做棱锥的**顶点**. 顶点到底面的距离叫做棱锥的**高**. 通常用表示顶点和底面各顶点的字母来表示棱锥. 例如, 图 5–25 中的棱锥记作棱锥 $S-ABCD$.

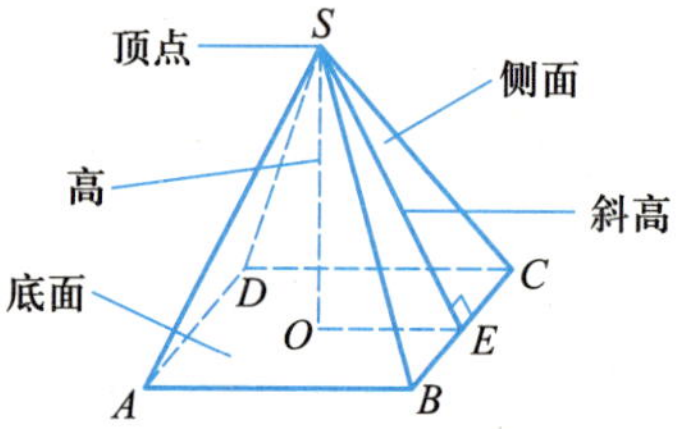

图 5–25

如图 5–26 所示, 底面是三角形、四边形、五边形等的棱锥可以称为三棱锥、四棱锥、五棱锥等.

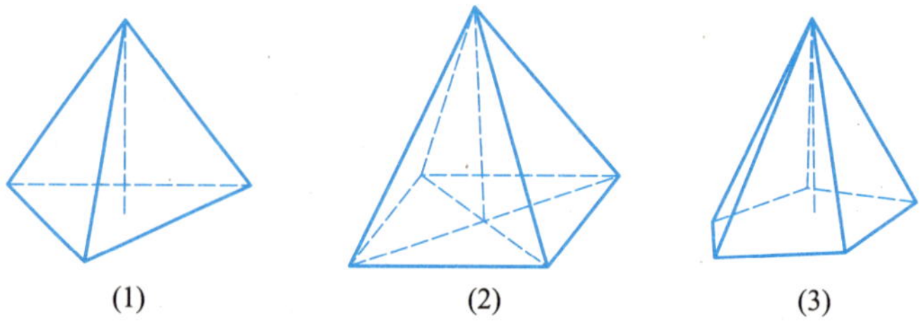

图 5–26

底面是正多边形, 过顶点做底面的垂线, 垂足为底面中心的棱锥叫做**正棱锥**. 图 5–26 中 (1)、(2)、(3) 分别为正三棱锥、正四棱锥、正五棱锥. 各侧面等腰三角形底边上的高都叫做正棱锥的**斜高**, 如图 5–25 所示, SE 为正四棱锥 $S-ABCD$ 的一条斜高.

正棱锥有下列性质:

(1) 各侧棱的长相等;

(2) 各侧面都是全等的等腰三角形;

(3) 顶点到底面中心的连线垂直于底面, 是正棱锥的高.

3. 锥体的体积

锥体 (棱锥、圆锥) 的体积 $V_{锥体}$ 等于它的底面积 S 和高 h 的积的三分之一, 即

$$V_{锥体}=\frac{1}{3}Sh.$$

想一想

图 5–25 中, 三角形 SOE 是直角三角形吗? 为什么?

典型例题

例 1 (1) 如图 5–27 所示, 已知圆锥的母线长 l 为 2 cm, 圆锥的高 h 为 1 cm, 求这个圆锥的体积;

(2) 如图 5–28 所示, 已知正四棱锥的底面边长为 4, 高为 5, 求这个正四棱锥的体积.

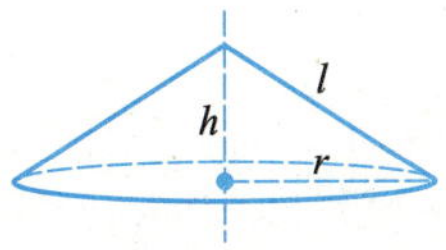

图 5–27

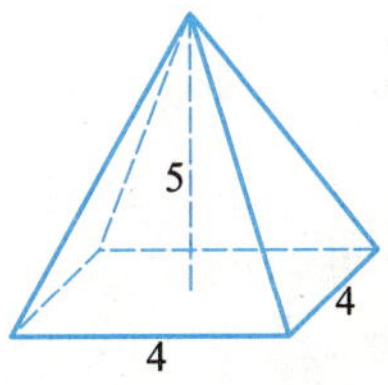

图 5–28

解 (1) 由图 5–27 知

$$r=\sqrt{l^2-h^2}=\sqrt{2^2-1^2}=\sqrt{3}\ (\text{cm}),$$

所以该圆锥的体积为

$$V=\frac{1}{3}\times\pi\times(\sqrt{3})^2\times1=\pi\ (\text{cm}^3);$$

(2) 由图 5–28 知, 正四棱锥底面面积为

$$S=4^2=16,$$

所以该正四棱锥的体积为

$$V=\frac{1}{3}\times16\times5=\frac{80}{3}.$$

例 2 如图 5–29 所示, 柴油机孔式喷油器的针阀的头部是一个圆锥, 若已知针阀头部的体积为 9.22 mm^3, 高为 3.30 mm, 求针阀头部圆锥的底面半径约是多少毫米 (精确到 0.01 mm)?

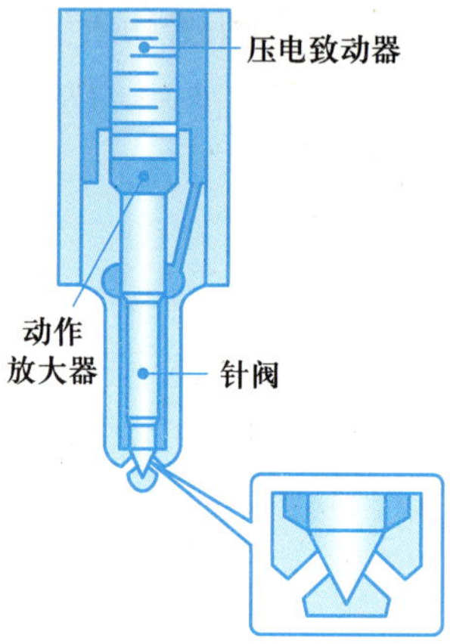

图 5–29

解 设针阀头部圆锥的底面半径为 r, 所以

$$\frac{1}{3}\pi r^2 \times 3.30 = 9.22,$$

$$r^2 \approx 2.67,$$

$$r \approx 1.63\ (\text{mm}),$$

所以针阀头部圆锥的底面半径约为 1.63 mm.

融会贯通

锥体是生活中的常见几何体, 其中棱锥是多面体, 圆锥是旋转体. 锥体的体积公式可以通过柱体应用 "切割法" 得到, 所以柱体和锥体的体积公式可以比较记忆.

践行新知

1. (1) 面积为 4 的等腰直角三角形, 绕其一条直角边旋转一周, 求所得几何体的体积;

(2) 正三棱锥底面边长为 2, 高为 3, 求这个正三棱锥的体积.

2. 已知圆锥的母线长为 4 cm, 圆锥的高为 2 cm, 求圆锥的体积.

3. 如图所示, 正四棱锥 P–$ABCD$ 中, 已知 $AB = 3$, $PA = 4$, 求这个正四棱锥的体积.

4. 如图所示, 牧民居住的蒙古包的形状是一个圆柱与圆锥的组合体, 尺寸如图所示, 求这个蒙古包的容积是多少立方米 (精确到 0.01 m^3)?

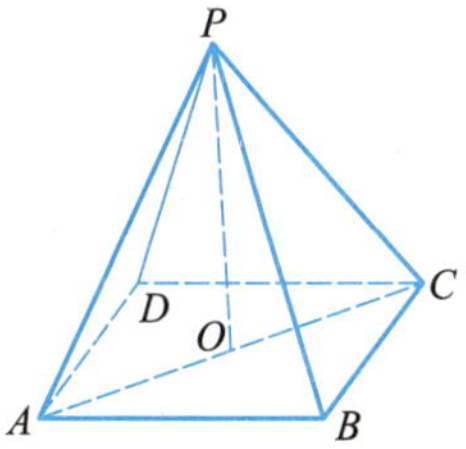

第 3 题图

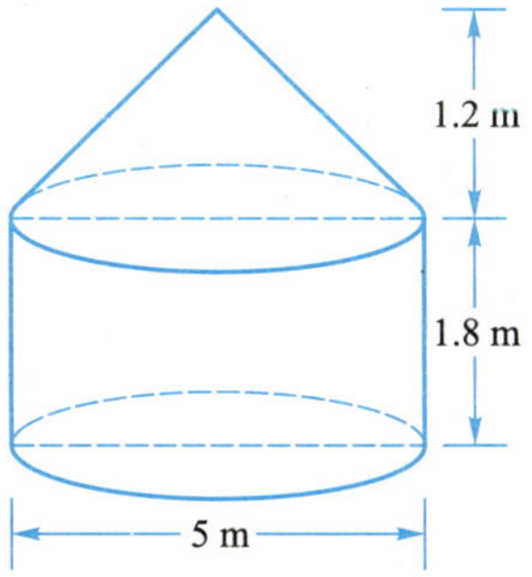

第 4 题图

第 5 讲　锥体的表面积

专业链接

在孔式喷油器中，长型喷油嘴需要加长，针阀的导向部分需要离燃烧室很远，以减少针阀受热及变形，避免针阀卡死在针阀体内. 所以在制造孔式喷油器的针阀时，必须符合一定的规格，才能使喷油器正常运行，这就需要测量针阀头部锥体的面积.

视频 5–7
锥体的表面积

数学相关

新知讲授

我们将圆锥沿一条母线剪开后展开在一个平面上，如图 5–30 所示，圆锥的侧面展开图是扇形，这个扇形的弧长等于圆锥的底面周长 c，半径等于圆锥的母线长 l，因此圆锥的侧面积是

$$S_{圆锥侧}=\frac{1}{2}cl.$$

把正棱锥的侧面沿一条侧棱剪开后展开在一个平面上，如图 5–31 所示，正棱锥的侧面展开图是几个等腰三角形的组合，所有这些等腰三角形的底边之和等于正棱锥的底面周长 c，每个等腰三角形的高都等于正棱锥的斜高 h'，因此正棱锥的侧面积是

$$S_{正棱锥侧}=\frac{1}{2}ch'.$$

圆锥与正棱锥的表面积 $S_{表}$ 等于它的侧面积 $S_{侧}$ 与底面积 $S_{底}$ 的和，即

$$S_{表}=S_{侧}+S_{底}.$$

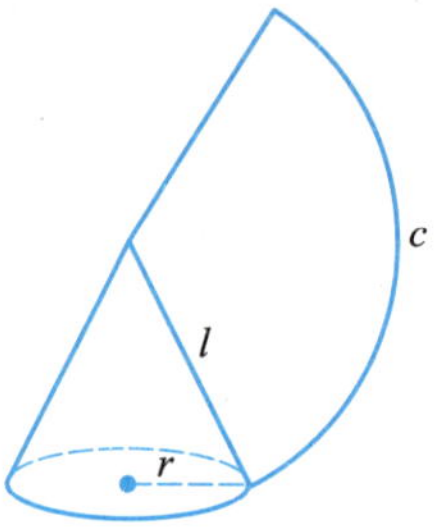

图 5–30

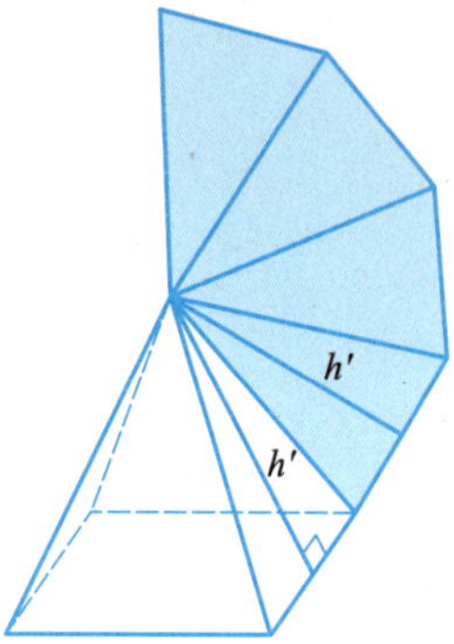

图 5–31

典型例题

例 1 已知圆锥的底面半径为 2 cm, 母线长为 3 cm, 求这个圆锥的侧面积与表面积.

解 圆锥的侧面积为

$$S_{侧} = \frac{1}{2} \times 2\pi \times 2 \times 3 = 6\pi\ (\mathrm{cm}^2),$$

圆锥的底面积为

$$S_{底} = \pi \times 2^2 = 4\pi\ (\mathrm{cm}^2)$$

圆锥的表面积为

$$S_{表} = S_{侧} + S_{底} = 6\pi + 4\pi = 10\pi\ (\mathrm{cm}^2)$$

所以这个圆锥的侧面积是 $6\pi\ \mathrm{cm}^2$, 表面积是 $10\pi\ \mathrm{cm}^2$.

例 2 如图 5–32 所示, 正三棱锥 $P-ABC$ 中, 点 O 是底面中心, $PO = 12$ cm, 斜高 $PD = 13$ cm, 求这个正三棱锥的侧面积 (精确到 0.1 cm^2).

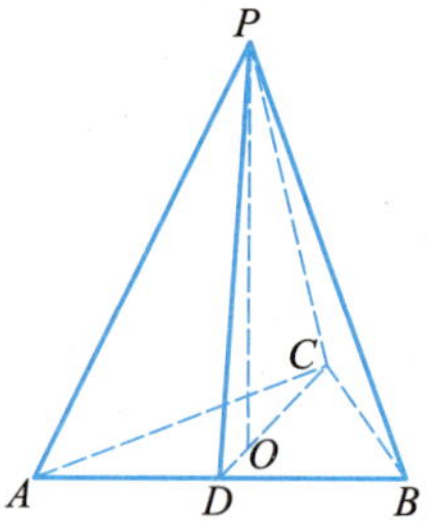

图 5–32

解 在直角三角形 POD 中,

$$OD = \sqrt{PD^2 - PO^2} = \sqrt{13^2 - 12^2}$$
$$= 5\ (\mathrm{cm}),$$

在底面正三角形 ABC 中，

$$CD = 3OD = 3 \times 5 = 15\ (\text{cm}),$$

在直角三角形 ACD 中，

$$AC = \frac{CD}{\sin 60^\circ} = \frac{15}{\frac{\sqrt{3}}{2}} = 10\sqrt{3}\ (\text{cm}),$$

所以正三棱锥的侧面积约为

$$S_{侧} = \frac{1}{2} \times 3 \times 10\sqrt{3} \times 13 \approx 337.7\ (\text{cm}^2).$$

融会贯通

锥体表面积公式推导的关键是明确锥体的侧面展开图的形状，体现了空间问题与平面问题相互转化的思想方法. 本讲我们主要研究了如何求圆锥和正棱锥的表面积，其他棱锥也可以用同样的方法把表面展开成平面图形，求这个平面图形的面积得到表面积，有兴趣的同学可以试一下.

践行新知

1. (1) 在汽车钣金学习中，若要做一个圆锥体，母线长度为 200 mm，底面半径为 100 mm，需要多少平方厘米的材料？

(2) 正三棱锥底面边长为 2，侧棱长为 3，求正三棱锥的侧面积与表面积.

2. 已知圆锥的母线长为 2 cm，侧面积为 $4\pi\ \text{cm}^2$，求圆锥的底面半径.

3. 正四棱锥的高是 a，底面的边长是 $2a$，求它的表面积.

4. 已知正四棱锥底面边长为 10，侧面均为等边三角形，求正四棱锥的表面积.

5. 如图所示，牧民居住的蒙古包形状是一个圆柱与圆锥的组合体，尺寸如图所示，建造这个蒙古包大约需要多少平方米的材料（精确到 $0.01\ \text{m}^2$）？

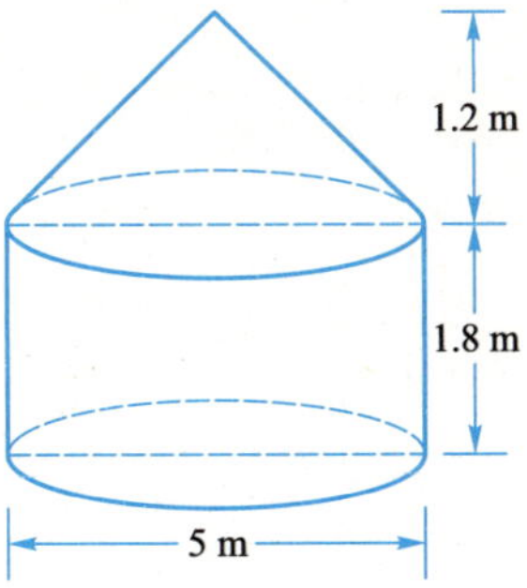

第 5 题图

视频 5-8
轴承中的台体的体积

第 6 讲　轴承中的台体的体积

专业链接

汽车中的圆锥滚子轴承 (图 5–33), 以及轴承中的滚子 (图 5–34), 既不是柱体, 也不是锥体.

图 5–33

图 5–34

数学相关

观察思考

如图 5–35 所示, 生活中也有一些这种类型的物体.

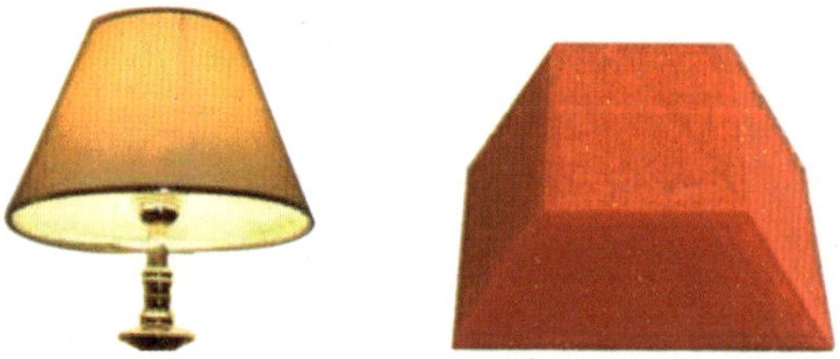

图 5–35

这种空间几何体可以这样得到: 用平行于底面的平面去截锥体, 截面与底面之间的部分称为台体 (图 5–36).

动画 5–3
截锥体得台体

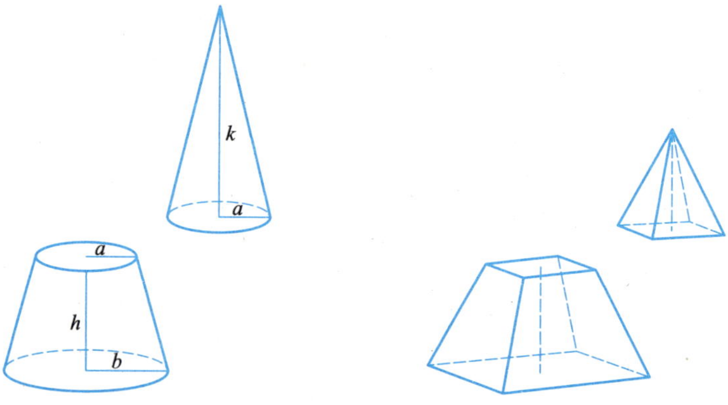

(1)　　(2)

图 5–36

新知讲授

1. 圆台

以直角梯形垂直于底面的腰所在的直线为旋转轴，其余各边绕其旋转而形成的曲面（或平面）所围成的几何体叫做圆台（图 5–37）. 旋转轴叫做圆台的轴. 直角梯形上、下底旋转而成的圆面叫做圆台的上、下底面. 另一腰旋转而成的曲面叫做圆台的侧面，无论旋转到什么位置，直角梯形的这条腰都叫做圆台的母线. 上、下底面之间的距离叫做圆台的高. 圆台用表示轴的字母表示. 如图 5–37 中的圆台记作圆台 OO'.

想一想

若截锥体的平面与底面不平行，截面与底面之间的部分还是台体吗？台体如何分类？

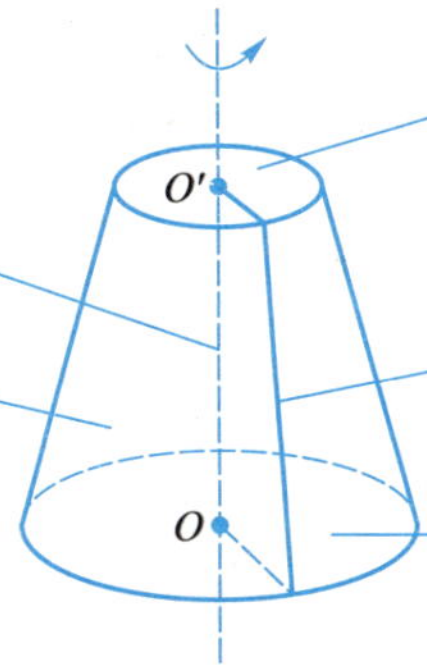

图 5–37

动画 5–4

圆台的生成

观察圆台，可以得到圆台的下列性质：

(1) 圆台的两个底面是半径不等的圆，且互相平行；

(2) 圆台的母线都相等，并且大于圆台的高；

(3) 平行于底面的截面是半径在上、下底面半径之间的圆；

(4) 经过轴的截面是上下底分别为上、下底面的直径，高为圆台的高，腰为母线的等腰梯形.

2. 棱台

有两个面互相平行，其余各面都是梯形，所有侧棱的延长线交于一点，具有这些特征的几何体叫做棱台（图 5–38）. 互相平行的两个面，叫做棱台的上、下底面. 梯形面叫做棱台的侧面. 相邻两个侧面的公共边叫做棱台的侧棱. 各侧面的公共顶点叫做棱台的顶点. 上、下底面之间的距离叫做棱台的高.

表示棱台时，通常分别顺次写出两个底面各个顶点的字母，中间用一条短横线隔开，例如，图 5–38 所示的棱台记作棱台 $ABCD-A'B'C'D'$.

底面是正多边形，其余各面是全等的等腰梯形的棱台叫做正棱台. 各等腰梯形底边上的高叫做正棱台的斜高.

如图 5–39 所示，底面是三角形、四边形、五边形等的棱台可

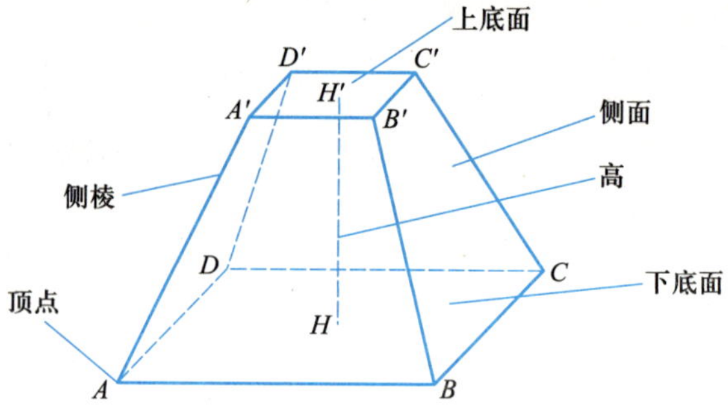

图 5–38

以称为三棱台、四棱台、五棱台等.

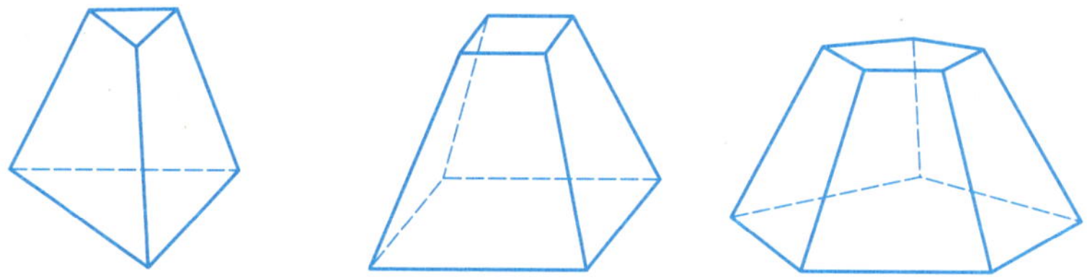

图 5–39

3. 台体的体积

若台体的上底面面积为 S', 下底面面积为 S, 高为 h, 则台体的体积 $V_{台体}$ 为

$$V_{台体}=\frac{1}{3}(S'+\sqrt{S'\times S}+S)h.$$

典型例题

例 1 (1) 已知圆台的上、下底面半径分别为 2 和 3, 高为 4, 求这个圆台的体积;

(2) 已知正四棱台的上、下底面边长分别为 5 和 7, 高为 6, 求这个正四棱台的体积.

解 (1) 由题意得, 圆台的上底面面积为

$$S'=\pi\times 2^2=4\pi,$$

圆台的下底面面积为

$$S=\pi\times 3^2=9\pi,$$

因此圆台的体积为

$$V=\frac{1}{3}(4\pi+\sqrt{4\pi\times 9\pi}+9\pi)\times 4=\frac{76}{3}\pi;$$

(2) 由题意得, 正四棱台的上底面面积为

$$S' = 5^2 = 25,$$

正四棱台的下底面面积为

$$S = 7^2 = 49,$$

因此正四棱台的体积为

$$V = \frac{1}{3} \times (25 + \sqrt{25 \times 49} + 49) \times 6 = 218.$$

例 2 用钢铁制作如图 5–40 所示的圆锥滚子轴承中的滚子, 滚子为圆台形, 经测量, 滚子上底半径为 1.2 cm, 下底半径为 0.8 cm, 高度为 2.1 cm, 求 10 个这样的滚子重量约是多少克 (钢铁密度为 7.9 g/cm^3, 精确到 0.01 g)?

图 5–40

解 由题意得, 滚子的上底面面积为

$$S' = \pi \times 1.2^2 = 1.44\pi\ (\text{cm}^2),$$

滚子的下底面面积为

$$S = \pi \times 0.8^2 = 0.64\pi\ (\text{cm}^2),$$

一个滚子的体积为

$$V_{滚子} = \frac{1}{3} \times (1.44\pi + \sqrt{1.44\pi \times 0.64\pi} + 0.64\pi) \times 2.1 = 2.128\pi\ (\text{cm}^3)$$

所以 10 个滚子的重量约为

$$2.128\pi \times 7.9 \times 10 \approx 527.87\ (\text{g}).$$

融会贯通

台体是一种生活中常见的几何体, 其中棱台是多面体, 圆台是旋转体. 台体可以由与底面平行的平面截锥体得到, 所以锥体的体积与截去的小锥体的体积的差即为台体的体积. 所以了解柱体、锥体、台体的体积之间的联系可以使我们更好地掌握这三类空间几何体的体积公式.

践行新知

1. 正三棱台上底和下底的边长分别为 4 和 6, 棱台的高为 5, 求正三棱台的体积.

2. 已知圆台的母线长为 5 cm, 圆台的上底半径为 2 cm, 下底半径为 5 cm, 求圆台的体积.

3. 如图所示, 一个圆台形花盆盆口直径为 20 cm, 盆底直径为 15 cm, 花盆高度为 25 cm, 求花盆的容积约为多少立方厘米 (精确到 0.01 cm^3)?

4. 如图所示, 一奖杯由一个正四棱柱和一个正四棱台组合而成, 经测量, 奖杯正四棱台上底面边长为 8 cm, 下底面边长为 16 cm, 正四棱柱与正四棱台的高均为 12 cm, 求这个奖杯的体积.

第 3 题图

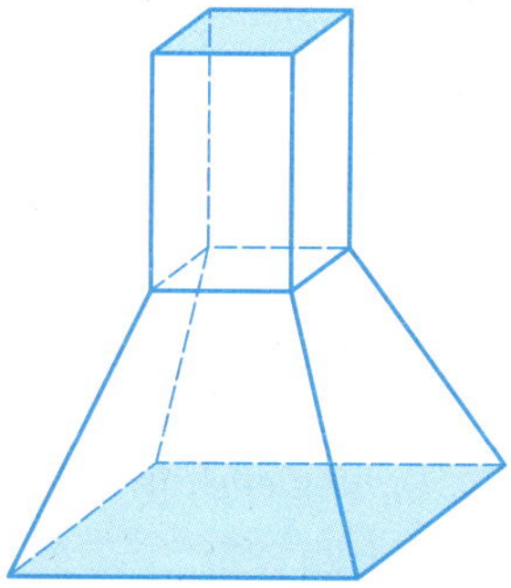
第 4 题图

视频 5–9
台体的表面积

第 7 讲　台体的表面积

专业链接

钣金加工是钣金制品成形的重要工序. 包括传统的切割下料、冲裁加工、弯压成形等方法及工艺参数, 又包括各种冷冲压模具结构及工艺参数、各种设备工作原理及操纵方法, 还包括新冲压技术及新工艺. 零件金属板材加工就叫钣金加工. 而汽车钣金指汽车发生碰撞后对车身修复工作中除对车身进行防腐和装饰的喷涂工作外其余的所有工作. 所以汽修专业会安排钣金实训课, 若在钣金实训课上加工一个台体, 则需要对所加工台体的表面积进行测量, 那台体的表面积如何计算呢?

数学相关

新知讲授

我们将圆台沿一条母线剪开后展开在一个平面上, 如图 5–41 所示, 圆台的侧面展开图是扇环, 这个扇环的两个弧长分别等于圆台的上、下底面的周长 c' 和 c, 因此圆台的侧面积是

$$S_{圆台侧} = \frac{1}{2}(c' + c)l.$$

把正棱台的侧面沿一条侧棱剪开后展开在一个平面上，如图 5–42 所示，正棱台的侧面展开图是几个等腰梯形的组合，所有这些等腰梯形的上、下底边之和等于正棱台的上、下底面周长 c' 和 c，每个等腰梯形的高等于正棱台的斜高 h'，因此正棱台的侧面积是

$$S_{正棱台侧}=\frac{1}{2}(c'+c)h'.$$

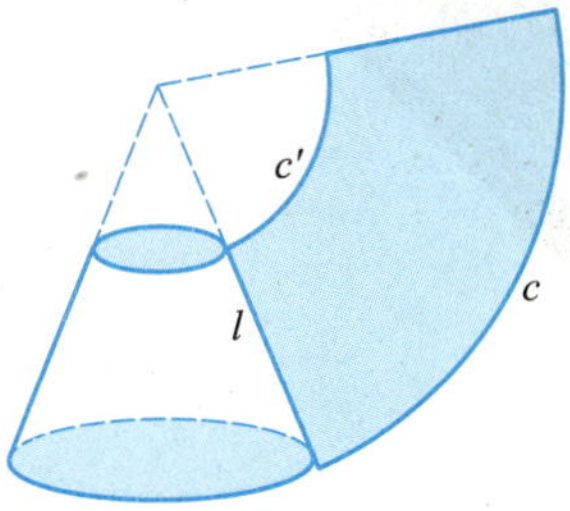

图 5–41

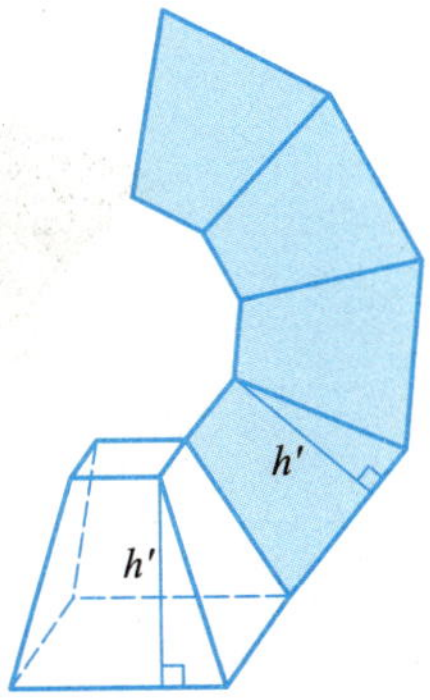

图 5–42

圆台与正棱台的表面积 $S_{表}$ 等于它的侧面积 $S_{侧}$ 与两个底面面积 $S_{上底}$ 和 $S_{下底}$ 的和，即

$$S_{表}=S_{侧}+S_{上底}+S_{下底}.$$

典型例题

例 1 已知圆台的上、下底面半径分别为 3 和 5，母线长为 8，求这个圆台的侧面积与表面积.

解 由题意得，圆台上、下底面的周长分别为

$$c_{上底}=2\pi\times 3=6\pi,\quad c_{下底}=2\pi\times 5=10\pi,$$

因此圆台的侧面面积为

$$S_{侧}=\frac{1}{2}\times(6\pi+10\pi)\times 8=64\pi;$$

圆台的上底面面积为

$$S_{上底}=\pi\times 3^2=9\pi,$$

圆台的下底面面积为

$$S_{下底}=\pi\times 5^2=25\pi,$$

因此圆台的表面积为

$$S_{表} = 64\pi + 9\pi + 25\pi = 98\pi,$$

所以圆台的侧面积是 64π, 表面积是 98π.

例 2 图 5–43 所示为一个正四棱台形古代量器模型, 经测量, 棱台上底边长为 1 m, 下底边长为 0.5 m, 斜高为 0.8 m, 制作一个这样的模型至少需要多少平方米的木料?

图 5–43

解 由题意得, 正四棱台上、下底面的周长分别为

$$c_{上底} = 4 \times 1 = 4\ (\text{m}), \quad c_{下底} = 4 \times 0.5 = 2\ (\text{m})$$

因此正四棱台的侧面积为

$$S_{侧} = \frac{1}{2} \times (4 + 2) \times 0.8 = 2.4\ (\text{m}^2),$$

正四棱台的下底面的面积为

$$S_{下底} = 0.5^2 = 0.25\ (\text{m}^2)$$

所以制作这样一个古代量器模型, 至少需要 $2.4 + 0.25 = 2.65\ (\text{m}^2)$ 的木料.

融会贯通

台体的表面积公式的推导过程依然是把台体展开成平面图形, 求这个平面图形的面积得到台体的表面积. 与柱体和锥体的表面积公式推导一样, 也体现了把空间问题转化为平面问题的思想方法. 因此, 在数学学习中, 同类的问题可以借鉴相同的方法, 得到完美的解答.

践行新知

1. (1) 在汽车钣金学习中, 若要做一个母线长为 200 mm, 上、下底面半径分别为 80 mm 和 100 mm 的圆台, 至少需要多少平方厘米的材料?

(2) 正三棱台上下底面边长分别为 2 和 4, 侧棱长为 3, 求正三棱台的侧面积与表面积.

2. 已知正四棱台上、下底面边长分别为 4 和 10, 侧面积为 56, 求正四棱台的斜高.

3. 给如图所示圆台形花坛的外表面刷上一层底漆, 经测量, 上、下底面直径分别为 3.2 m 和 2.8 m, 母线长为 0.8 m, 求刷漆的面积 (精确到 0.01 m^2).

4. 如图所示, 一奖杯由一个正四棱柱和一个正四棱台组合而成, 经测量, 奖杯正四棱台上底面边长为 8 cm, 下底面边长为 16 cm, 正四棱柱与正四棱台的高均为 12 cm, 求这个奖杯的表面积.

第 3 题图

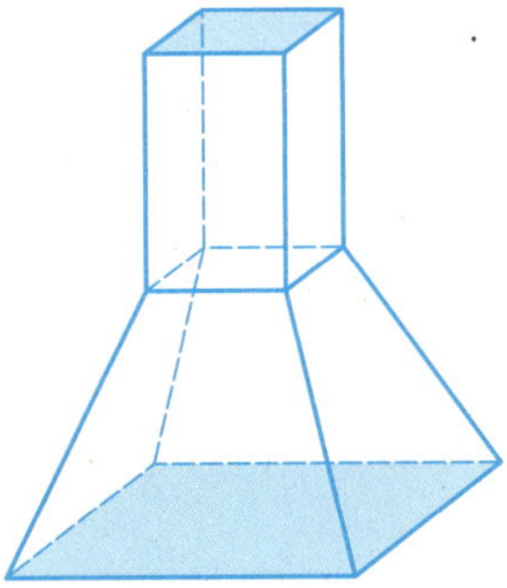

第 4 题图

第 8 讲 燃烧室中球的体积与表面积

视频 5–10

球的体积与表面积

专业链接

在生活中, 球形的物体随处可见, 仔细观察, 汽车发动机的燃烧室也可以抽象成一个半球 (图 5–44).

图 5–44

动画 5–5
球体的生成

数学相关

新知讲授

1. 球

如图 5–45 所示，一个半圆绕它的直径所在的直线旋转所得的曲面叫做**球面**. 球面所围成的几何体叫做**球体**，简称为**球**. 半圆的圆心叫做**球心**. 连接球心和球面上任意一点的线段叫做球的**半径**. 连接球面上两点且经过球心的线段叫做球的**直径**.

球用表示它的球心的字母来表示，如图 5–45 中的球记作球 O.

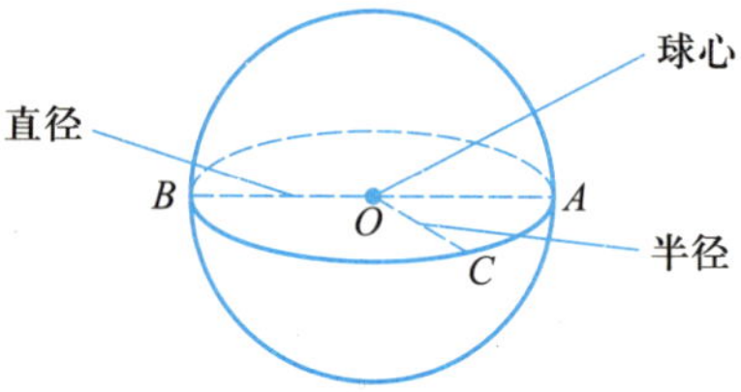

图 5–45

2. 球的体积与表面积

若球的半径为 R，则球的体积为

$$V_{球} = \frac{4}{3}\pi R^3.$$

球的表面积为

$$S_{球} = 4\pi R^2.$$

典型例题

例 1 已知球的半径为 2，求这个球的体积与表面积.

解 球的体积为

$$V = \frac{4}{3} \times \pi \times 2^3 = \frac{32}{3}\pi,$$

球的表面积为

$$S = 4 \times \pi \times 2^2 = 16\pi,$$

所以这个球的体积为 $\frac{32}{3}\pi$，表面积为 16π.

例 2 如图 5–46 所示，某汽车发动机一个气缸的缸径为 65 mm，活塞行程为 72 mm，求该汽车一个气缸燃烧室的容积约为多少毫升 (1 mL=1 000 mm^3，精确到 0.01 mL)? 一个这样的气缸，其内表面的面积约为多少平方厘米 (1 cm^2=100 mm^2，精确到 0.01 cm^2)?

解 燃烧室底面圆的半径为

$$R=\frac{65}{2}=32.5\ (\text{mm}),$$

因为燃烧室可以抽象成一个半球，所以燃烧室容积为

$$V_{燃}=\frac{1}{2}\times\frac{4}{3}\pi\times32.5^3\approx71\ 860.21\ (\text{mm}^3)$$
$$\approx71.86\ (\text{mL});$$

图 5–46

气缸可以看成是一个圆柱与一个半球的组合体，则它的内表面的面积为

$$S=\frac{1}{2}\times4\pi\times32.5^2+2\pi\times32.5\times72\approx21\ 328.45\ (\text{mm}^2)$$
$$\approx213.28\ (\text{cm}^2).$$

所以一个气缸燃烧室的容积约为 71.86 mL，内表面的面积约为 213.28 cm^2.

例 3 阿基米德的墓碑上刻了一个球内切于圆柱的图案，还在图案中刻了一个圆锥 (图 5–47). 试求圆锥、球、圆柱的体积比以及表面积比.

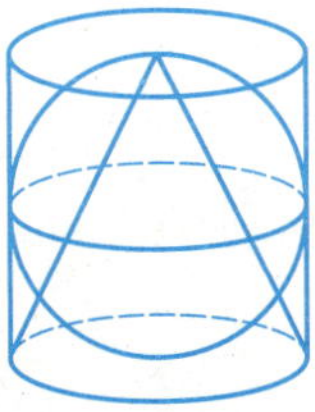

图 5–47

解 设圆的半径为 R，圆锥的体积、球的体积与圆柱的体积分别为 $V_{锥}$、$V_{球}$ 及 $V_{柱}$，圆锥的表面积、球的表面积与圆柱的表面积分别为 $S_{锥}$、$S_{球}$ 及 $S_{柱}$，则有

$$V_{锥}=\frac{1}{3}\pi R^2\cdot2R=\frac{2}{3}\pi R^3,$$
$$V_{球}=\frac{4}{3}\pi R^3,$$
$$V_{柱}=\pi R^2\cdot2R=2\pi R^3,$$

所以 $V_{锥}:V_{球}:V_{柱}=1:2:3$.

$$S_{锥}=S_{锥侧}+S_{锥底}=\frac{1}{2}\cdot2\pi R\cdot\sqrt{5}R+\pi R^2=(\sqrt{5}+1)\pi R^2,$$
$$S_{球}=4\pi R^2,$$
$$S_{柱}=S_{柱侧}+2\cdot S_{柱底}=2\pi R\cdot2R+2\cdot\pi R^2=6\pi R^2,$$

所以 $S_{锥}:S_{球}:S_{柱}=(\sqrt{5}+1):4:6$.

融会贯通

球体是生活中常见的一种几何体，它是一个旋转体. 它的体积和表面积公式在我们的实际生活中有着广泛的应用. 我国古代数学家对球的体积公式的推导作出了巨大的贡献 (阅读材料 “牟合方盖与球的体积”)，推导球的表面积公式需要用到无限分割这一思想，可以得到球的表面积是大圆 (球面上圆心与球心重合的圆) 面积的 4 倍.

践行新知

1. 直径为 4 cm 的半圆，绕其直径所在直线旋转 180°，求所得几何体的体积? 若制作一个同样的几何体的封闭容器，至少需要多少平方厘米的材料?

2. 已知球的体积为 36π，求球的半径与球的表面积.

3. 若球的半径变为原来的两倍，则球的体积与表面积变为原来的多少倍?

4. A 款汽车发动机气缸，缸径为 80.5 mm，活塞行程为 78.5 mm；B 款汽车发动机气缸，缸径为 78 mm，活塞行程为 83.6 mm，两款汽车燃烧室容积分别为多少毫升 (精确到 0.01 mL)? 比较这两款汽车的气缸，哪一款汽车的气缸内表面面积较小 (精确到 0.01 mm^2)?

第 9 讲　汽车发动机气缸压缩比的计算

专业链接

视频 5–11
汽车发动机气缸压缩比的计算

汽车发动机气缸压缩比就是发动机气缸内的混合气体能被压缩的程度. 一般用希腊字母 “ε” 来表示. 相对来说，压缩比越高，发动机的动力就越大.

发动机气缸压缩比等于气缸总容积除以发动机燃烧室容积. 而气缸总容积等于发动机气缸工作容积与发动机气缸燃烧室容积的和. 一般用 $V_{总}$ 表示气缸总容积，$V_{工}$ 表示发动机气缸工作容积，$V_{燃}$ 表示发动机气缸燃烧室容积，因此，汽车发动机气缸压缩比

$$\varepsilon = \frac{V_{总}}{V_{燃}} = \frac{V_{工} + V_{燃}}{V_{燃}}.$$

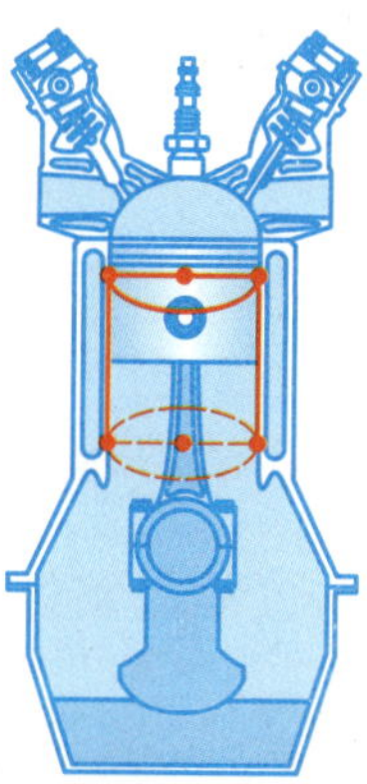
图 5–48

观察发动机气缸 (图 5–48)，可以发现 $V_{工}$ 即活塞扫气容积，指的是活塞上下移动

时所经过的圆柱的体积，其中多缸发动机所有气缸的工作容积之和就是汽车的排气量. 而发动机燃烧室可以抽象成一个半球，所以 $V_{燃}$ 约等于一个半球的体积.

数学相关

新知讲授

若气缸半径为 r，活塞行程为 h，根据圆柱与球的体积公式，可得

$$\varepsilon = \frac{3h + 2r}{2r}.$$

典型例题

例 某汽车发动机经测量一个气缸的缸径为 65 mm，活塞行程为 72 mm，求该汽车发动机气缸压缩比是多少?

解 由题意得，$2r = 65$ mm，$h = 72$ mm，因此汽车发动机气缸压缩比为

$$\varepsilon = \frac{3h + 2r}{2r} = \frac{3 \times 72 + 65}{65} \approx 4.32.$$

融会贯通

通常情况下，汽车发动机压缩比越大，汽车的动力就越强. 一般汽油发动机的压缩比都在 10 左右，我们应用圆柱与半球的体积公式计算出的压缩比比实际值要小，这是因为发动机气缸的燃烧室并不是一个规则的半球，实际容积要比半球体积小很多，所以本讲内容只是说明计算压缩比的一种方法，所求数据并不能作为压缩比的真实数据.

践行新知

1. A 款汽车发动机，缸径为 80.5 mm，活塞行程为 78.5 mm；B 款汽车发动机，缸径为 78 mm，活塞行程为 83.6 mm，请分别计算两款汽车发动机的压缩比，并对比哪款汽车的发动机的压缩比大.

2. 发动机有 4 个气缸，缸径为 87.5 mm，活塞行程为 92 mm，压缩比为 8，计算单个气缸工作容积和发动机总排气量.

3. C 款汽车发动机采用四缸直列式，排量为 2.4 L，压缩比为 10，求这款汽车的(1) 单缸的燃烧室容积；(2) 缸径；(3) 活塞行程.

视频 5–12
三视图

第 10 讲　三视图

专业链接

在日常生活中，我们常常需要辨认画在纸上的物体，例如汽车、飞机、房屋、微型计算机等. 同时我们需要经常观察周围各种各样的事物，并且把它们画在纸上，如图 5–49 所示. 掌握一些识图与画图的技巧也是我们专业学习要求掌握的必备技能. 同学们有没有想过，为什么画在纸上的各种各样的物体，你一看就能辨认出它是何种物体呢？

图 5–49

数学相关

观察思考

如图 5–50 所示，我们从不同的角度观察同一事物，得到的结果可能不同.

图 5–50

新知讲授

当我们从某一个角度观察一个物体时，所看到的图像叫做物体的一个**视图**. 一个视图只能反映物体的一个方位的形状，不能完整反映物体的结构形状.

为了全面反映物体形状，我们常常从正面、上面、左面观察物体.

在正面得到的由前向后观察物体的视图，叫**主视图**（从前面看）；在水平面得到的由上向下观察物体的视图，叫**俯视图**（从上面看）；在侧面得到由左向右观察物体的视图，叫**左视图**（从左面看）.

一般情况下，如图 5–51 所示，在物体的三视图中，俯视图在主视图的下方、左视图在主视图的右方.

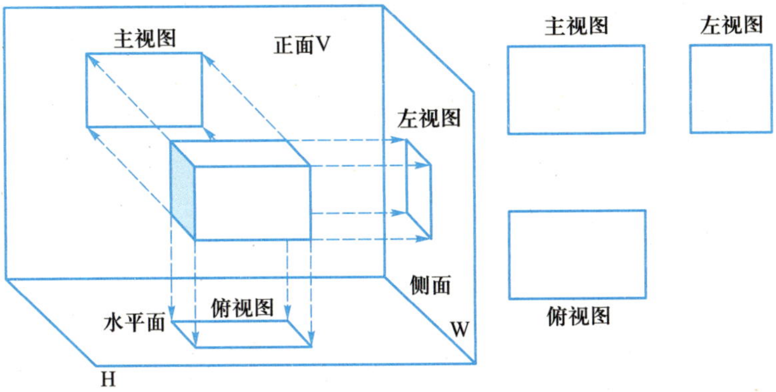

图 5–51

动画 5–6
三视图动画

三视图的对应规律为：

(1) 主视图和俯视图 —— 长对正；

(2) 主视图和左视图 —— 高平齐；

(3) 俯视图和左视图 —— 宽相等.

值得注意的是，能看到的轮廓线画成实线，被挡住的轮廓线画成虚线.

典型例题

例 1　如图 5–52 所示，汽车的气缸可以看成一个半球与圆柱

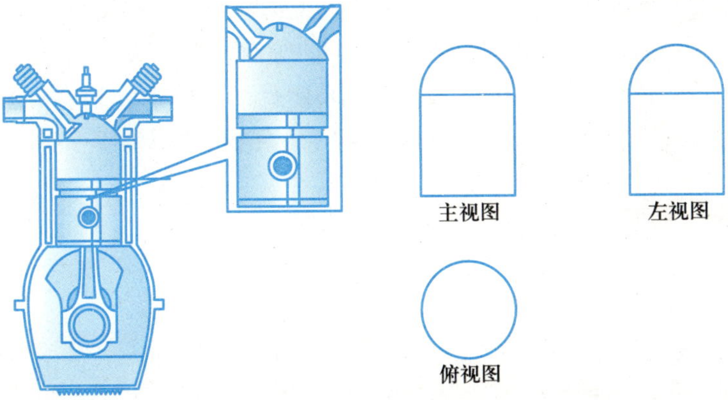

图 5–52

的组合体，请画出它的三视图.

解 作出如图 5–52 所示的三视图:

例 2 如图 5–53 所示的螺母，请画出它的三视图.

解 作出如图 5–53 所示的三视图:

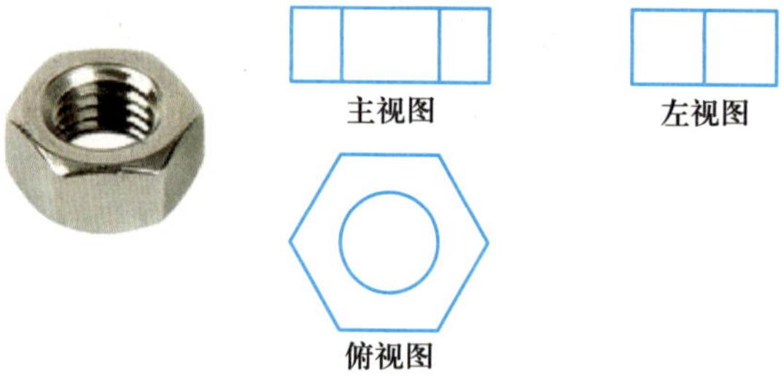

图 5–53

例 3 如图 5–54 所示的零件，画出这个零件的三视图.

解 如图 5–54 所示的三视图:

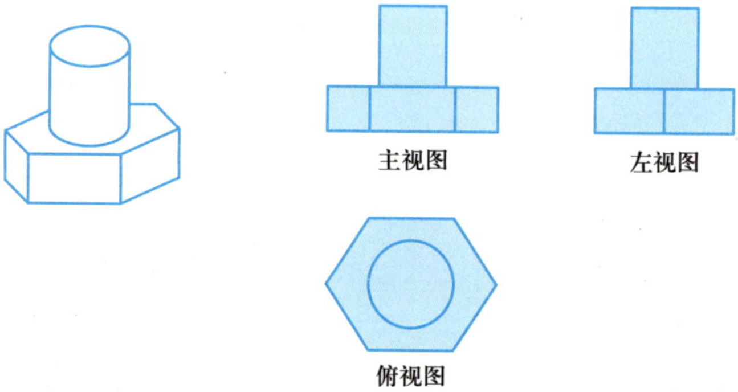

图 5–54

融会贯通

一个视图只能反映物体的一个方位的形状，不能完整反映物体的结构形状. 三视图是从三个不同方向对同一个物体进行投射的结果，另外还有如剖面图、半剖面图等作为辅助，基本能完整地表达物体的结构. 会画、会看不同角度观察到的基本几何体的视图，对于我们了解汽车的构造，掌握专业知识有很大的帮助.

践行新知

1. 分别画出圆柱、圆锥和球的三视图.
2. 分别画出三棱柱和四棱锥的三视图.
3. 如图所示，画出这个组合体的三视图.
4. 如图所示，画出这个零件的三视图.

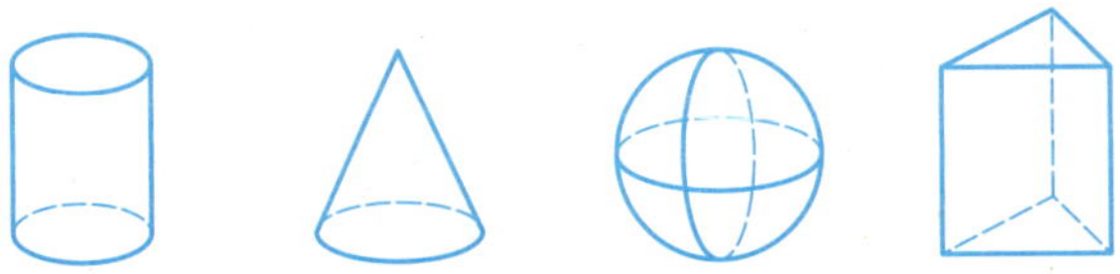

第 1 题图

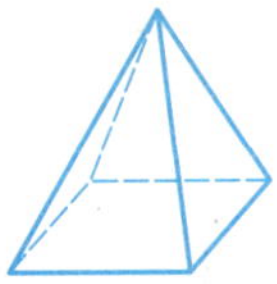

第 2 题图

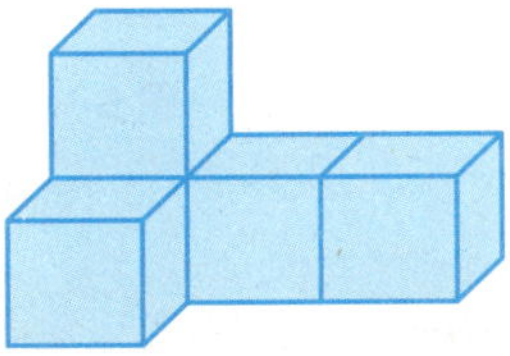

第 3 题图

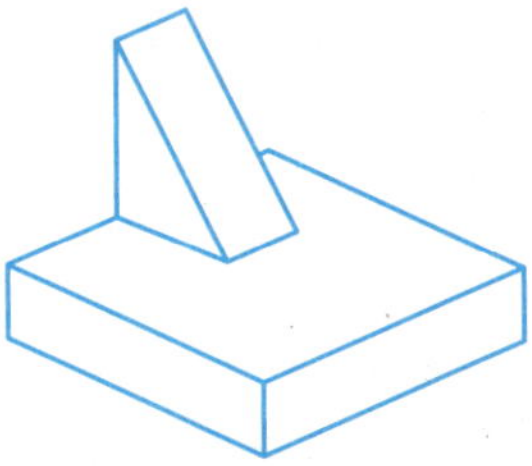

第 4 题图

【阅读资料】

牟合方盖与球的体积

魏晋时期，数学家刘徽在研究我国古代数学名著《九章算术》时，为《九章》作注，书名为《九章算术注》. 在该书中，刘徽明确指出《九章算术》中的球体体积公式.

刘徽

$V = \frac{9}{16}\pi d^3$（d 为球的直径）是错误的，错误的原因在于误以为球和它的外切圆柱的体积的比是 $\pi : 4$. 为了纠正这一错误，刘徽在他的《九章算术注》中，提出一个独特的方法来计算球体的体积：不直接求球体的体积，而是先计算另一个叫“牟合方盖”的立体的体积.

何谓“牟合方盖”？具体说来：“联立方棊八枚，皆令立方一寸，积之为立方二寸，规之为圆囷，径二寸，高二寸，又复横圆之，则其形有似牟合方盖矣”. 用现代语言描述即：以棱长为一寸的立方体八枚，合之则是棱长为二寸的立方体，又以过立方体中之二正圆柱垂直相贯并内切于立方体之相应侧面，如图 5–55 所示. 则二内切于立方体的两垂直相贯的正圆柱的共同部分，如图 5–56 所示. 这个立体的外形似两把上下对称的正方形雨伞（整个造形也像两顶餐桌上罩住饭菜用的桌罩反向迭合而成的），所以就称它为“牟合方盖”.

刘徽通过计算发现，球体体积与“牟合方盖”的体积之比应为 $\pi : 4$；显然，只要求出牟合方盖的体积，那么球体的体积便迎刃而解. 可惜的是，刘徽功亏一篑，未能求出牟合方盖的体积，但是他坦诚地记下了自己的困惑，表示“欲陋形措意，惧失正理，敢不阙言，以俟能者言”表现

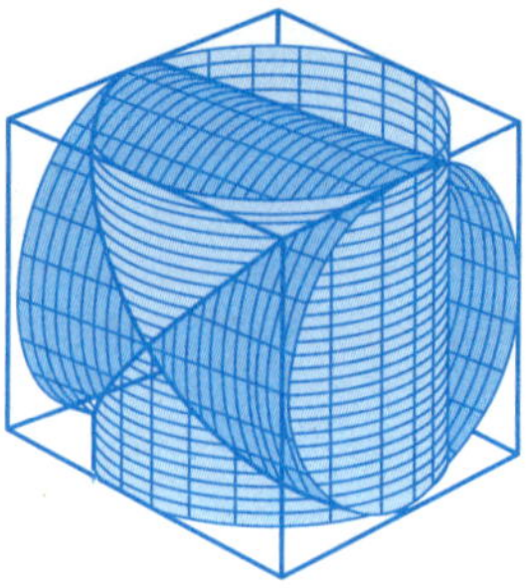

图 5-55

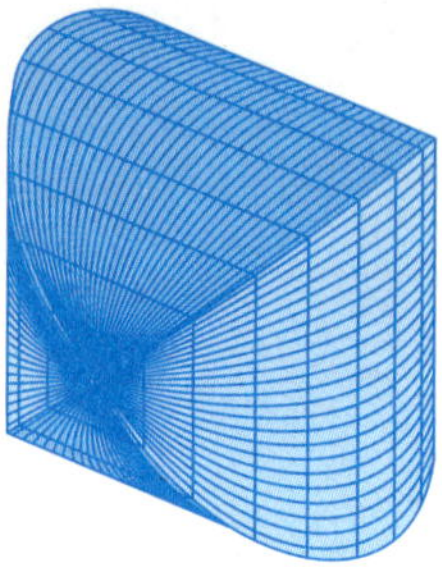

图 5-56

了一位伟大学者实事求是、寄希望于后学的坦荡胸怀.

二百年后，能实现刘徽愿望的人终于出现了，他就是祖暅！祖暅是南北朝时期大数学家祖冲之的儿子. 他提出了一条原理："幂势既同，则积不容异". 这里的"幂"指水平截面的面积，"势"指高. 这句话的意思是：两个等高的几何体若在所有等高处的水平截面的面积相等，则这两个几何体的体积相等. 这个原理很容易理解，如图 5-57 所示，取一摞书或一摞纸张堆放在水平桌面上，然后用手推一下以改变其形状，这时高度没有改变，每页纸张的面积也没有改变，因而这摞书或纸张的体积与变形前相等. 祖暅不仅首次明确提出了这一原理，还成功地将其应用到球体积的推算，我们把这条原理称为祖暅原理. 根据这一原理就可以求出牟合方盖的体积，然后再导出球的体积. 这一原理主要应用于计算一些复杂几何体的体积上面. 在西方，直到 17 世纪，才由意大利数学家卡瓦列利发现，他的发现要比我国的祖暅晚一千多年. 祖暅原理在西方文献中称为"卡瓦列利原理". 以长方体体积公式和祖暅原理为基础，可以求出柱、锥、台、球等的体积.

图 5-57

在西方，球体的体积计算方法虽然早已由希腊数学家阿基米德发现，但祖暅原理是在独立研究的基础上得出的，且比阿基米德的内容要丰富，涉及的问题要复杂. 祖暅原理从方法至推导都是由刘徽及祖氏父子自行创出，这不能不算是一项杰出的成就. 这一球体体积公式比欧洲阿基米德的虽然出现较迟，但二者有异曲同工之妙.

专题六　汽车中的解析几何

在初中平面几何中，我们研究了一些几何图形．学习函数时，通过建立直角坐标系，使平面上的点与有序数对建立了一一对应的关系，这样我们可以作出函数的图像．由于函数式还可以看作代数方程，因此我们就可以用代数方程表示图形，并通过对代数方程的研究来掌握图形的几何性质．这种用代数的手段来研究几何问题的方法叫做**解析法**．

微课6-1
直角坐标系的意义

本专题将在平面直角坐标系中，用解析法建立直线、圆、椭圆、双曲线和抛物线的方程．利用方程研究它们的几何性质，并通过汽修专业中的实例了解这些知识在专业学习和生活中的应用．

第 1 讲　直线的倾斜角和斜率

专业链接

图 6–1 中的两辆汽车分别在做最大侧倾角和最大爬坡度实验，这两个试验都用到了数学中直线的倾斜角和斜率的知识.

(1)　　　　　　　　(2)

图 6–1

数学相关

观察思考

如图 6–2 所示，设直线 l 与 x 轴相交于点 P,A 是 x 轴上位于点 P 右方的一点，B 是位于上半平面的 l 上的一点，则 $\angle APB$ 叫做直线 l 的倾斜角.

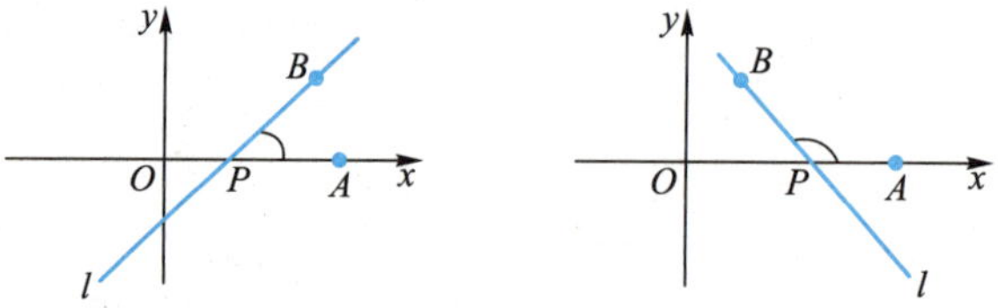

图 6–2

新知讲授

直线向上的方向与 x 轴正方向所成的角叫做直线的**倾斜角**，经常用希腊字母 α 表示. 我们规定，当直线 l 和 x 轴平行时，$\alpha = 0°$. 倾斜角 α 的取值范围是 $0° \leqslant \alpha < 180°$.

在数学上直线倾斜角的正切值叫做直线的**斜率**，用字母 k 来表示.

注意：当 $\alpha \neq 90°$ 时，直线 l 的斜率与倾斜角的关系是

$$k = \tan\alpha(\alpha \neq 90°);$$

当 $\alpha = 90°$ 时，直线的斜率不存在.

视频 6–2
直线的倾斜角和斜率

如图 6–3 所示，直线 l 经过点 $P_1(x_1, y_1)$ 和点 $P_2(x_2, y_2)$，其中 $x_1 \neq x_2$，如何求直线 l 的斜率 k 呢？

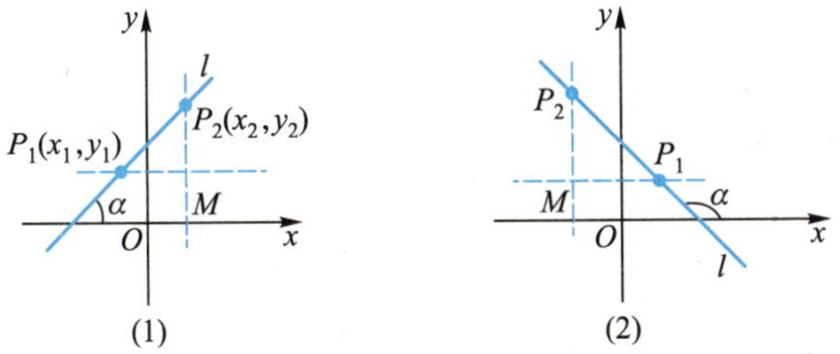

图 6–3

视频 6–3

已知两点求斜率

如图 6–3 (1) 所示，当 α 为锐角时，分别作 P_1M 平行于 x 轴，P_2M 平行于 y 轴，交点为点 $M(x_2, y_1)$，则

$$\angle P_2P_1M = \alpha.$$

在 $\triangle P_2P_1M$ 中，$\tan\angle P_2P_1M = \dfrac{|P_2M|}{|P_1M|} = \dfrac{y_2 - y_1}{x_2 - x_1}$.

因此，

$$k = \tan\alpha = \frac{y_2 - y_1}{x_2 - x_1}.$$

不难证明，当 α 为钝角时，如图 6–3(2) 所示，也有

$$k = \tan\alpha = \frac{y_2 - y_1}{x_2 - x_1}.$$

由此，我们可以得出结论：

$$k = \frac{y_2 - y_1}{x_2 - x_1} \quad (\text{其中 } x_1 \neq x_2);$$

特殊地，当 $x_1 = x_2$，直线 l 与 x 轴垂直时，直线 l 的斜率不存在.

工具箱

直角三角形的一个锐角的正切值等于它的对边与它的邻边的比值.

工具箱

若角 α 与角 β 互补，则 $\tan\alpha = -\tan\beta$. 或者 $\tan(180° - \alpha) = -\tan\alpha$.

想一想

若 $x_1 = x_2$，则直线 l 的斜率存在吗？

典型例题

例 1 根据下列各条件，求直线的斜率：

(1) 直线的倾斜角是 60°；

(2) 直线经过点 $P_1(2, 4)$ 和点 $P_2(5, 1)$.

解 (1) 由于直线的倾斜角 $\alpha = 60°$，所以直线的斜率为

$$k = \tan\alpha = \tan 60° = \sqrt{3}.$$

(2) 因为直线经过点 $P_1(2, 4)$ 和点 $P_2(5, 1)$，所以

$$k = \frac{y_2 - y_1}{x_2 - x_1} = \frac{1-4}{5-2} = -1.$$

例 2 已知直线 l 的斜率 $k = -1$，求直线 l 的倾斜角 α.

解 直线 l 的斜率 $k=-1$，即 $\tan\alpha=-1$.

因为 $0\leqslant\alpha<\pi$，所以

$$\alpha=\frac{3\pi}{4}.$$

下面介绍如何利用几何画板，由直线上两点坐标求直线的斜率.

第 1 步，启动几何画板 (5.0.1)，建立直角坐标系并把原点标注为 "O".

第 2 步，单击 "绘图" 菜单下的 "绘制点" 命令，在弹出的 "绘制点" 对话框中输入点的坐标 (5, 2)，并标注为 "A". 用同样的方法，绘制点 $B(-3,-6)$.

第 3 步，单击工具箱上的 "移动箭头工具" 按钮 "↖"，选中 A、B 两点，然后单击 "度量" 菜单下的 "坐标" 命令，则 A、B 两点的坐标就显示在绘图区的左上角.

第 4 步，选中 A、B 两点，单击 "构造" 菜单下的 "直线" 命令，作出直线 AB，然后再单击 "度量" 菜单下的 "斜率" 命令，则直线 AB 的斜率就显示在绘图区的左上角. 如图 6–4 所示.

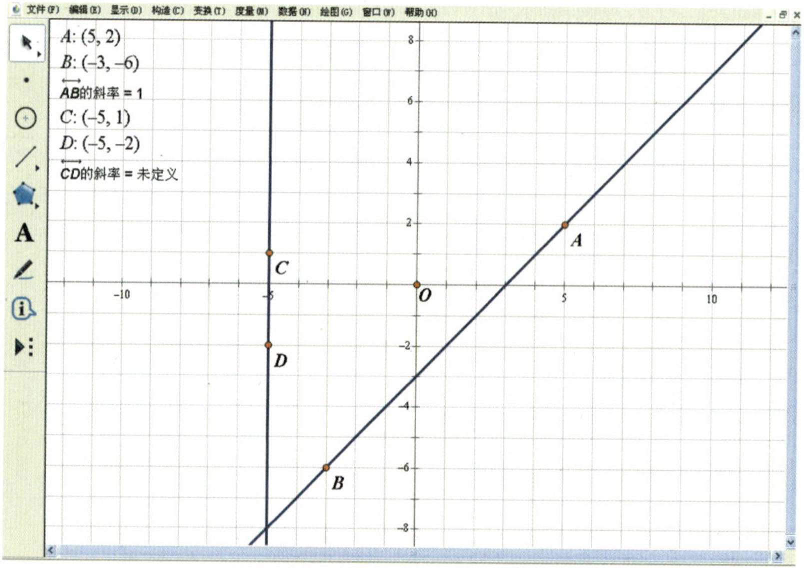

图 6–4

用同样的方法绘制点 $C(-5,1)$，$D(-5,-2)$，可以验证若直线上两个点的横坐标相等，则直线的斜率不存在.

融会贯通

如图 6–5(1) 中, 汽车在做最大爬坡度实验. 汽车的最大爬坡度就是以坡度起止点的高度差 (汽车的升高量) 与其水平距离 (汽车的前进量) 的比值的百分数来表示. 这里高度差与水平距离的比值实际就是倾斜角的正切值.

(1)　　(2)　　(3)

图 6–5

如图 6–5(2) 中, 斜坡就是平面直角坐标系中的直线, 坡角就是直线的倾斜角 α, 坡度就是直线的斜率, 即坡度 $= \dfrac{\text{升高量}}{\text{前进量}} = \tan\alpha$.

扫描图 6–5(3), 可观察汽车不同坡度下的运动情况.

践行新知

1. 已知直线的倾斜角如下, 请说出直线的斜率:

(1) 30°;　　(2) 90°;

(3) 135°;　　(4) 150°.

2. 经过下列两点的直线的斜率是否存在? 如果存在, 求其斜率:

(1) $(1, -1), (-3, 2)$;　　(2) $(1, -2), (5, -2)$;

(3) $(3, 4), (3, -1)$;　　(4) $(3, 0), (0, \sqrt{3})$.

3. 在汽车最大爬坡度实验中, 坡角是 45°, 请计算这辆汽车的爬坡度是多少.

第 2 讲　直线的方程

专业链接

如图 6–6 所示, 已知汽车在做最大爬坡度实验的时候, 汽车的前进量为 5 m, 升高量为 4 m, 你能求出斜坡所在的直线方程吗? 我们一起来探究.

(1)

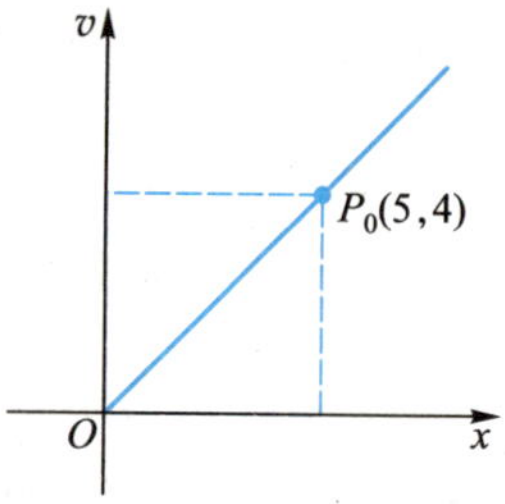

(2)

图 6–6

数学相关

观察思考

如图 6–7 所示, 若直线 l 的斜率为 -1, 且经过点 $A(-1,2)$, 则直线 l 上其他点的坐标满足什么条件呢?

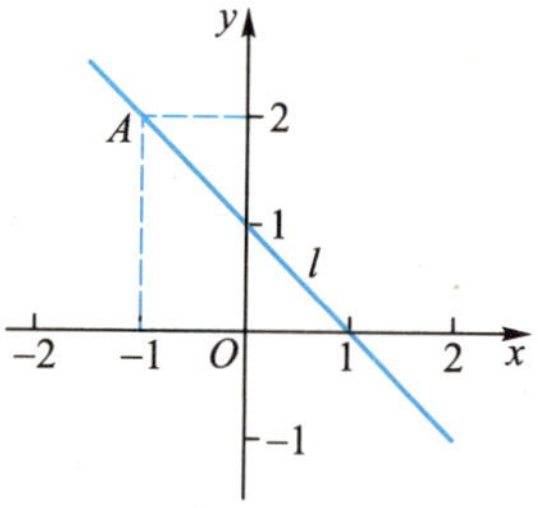

图 6–7

设点 $P(x,y)$ 是直线 l 上不同于点 $A(-1,2)$ 的任意一点, 所以

$$-1=\frac{y-2}{x+1}.$$

整理, 可得

$$x+y-1=0.$$

显然, 直线 l 上所有点的坐标满足方程

$$x+y-1=0.$$

视频 6–4
直线的点斜式方程

反之, 若设点 $P_1(x_1,y_1)$ 的坐标是方程

$$x+y-1=0$$

的解, 即

$$x_1+y_1-1=0.$$

可得

$$-1=\frac{y_1-2}{x_1+1}.$$

因为经过点 $A(-1,2)$ 且斜率为 -1 的直线只有一条, 所以, 点 $P_1(x_1,y_1)$ 一定在直线 l 上.

新知讲授

一般地, 如果直线 (或曲线) l 与方程 $f(x,y)=0$ 满足下列关系:

(1) 直线 (或曲线) l 上的点的坐标都是方程 $f(x,y)=0$ 的解;

(2) 以方程 $f(x,y)=0$ 的解为坐标的点都在直线 (或曲线) l 上;

那么, 直线 (或曲线) l 叫做**方程 $f(x,y)=0$ 的直线 (或曲线)**, 方程 $f(x,y)=0$ 叫做**直线 (或曲线) l 的方程**, 记作直线 (或曲线) l : $f(x,y)=0$ 或者曲线 $f(x,y)=0$.

因此, 直线 l 的方程为 $x+y-1=0$, 也可以说直线 $x+y-1=0$.

下面求经过点 $P_0(x_0,y_0)$, 且斜率为 k 的直线 l 的方程, 如图 6–8 所示.

设点 $P(x,y)$ 是直线 l 上不同于点 $P_0(x_0,y_0)$ 的任意一点, 则

$$k=\frac{y-y_0}{x-x_0},$$

整理, 可得

$$y-y_0=k(x-x_0).$$

显然, 点 $P_0(x_0,y_0)$ 也满足上述方程, 我们把上述方程叫做直线的**点斜式方程**.

若直线 l 的斜率不存在, 即直线 l 与 x 轴垂直, 此时, 直线 l 上任意一点的横坐标都是 x_0, 直线 l 的方程可写成 $x=x_0$ 或 $x-x_0=0$, 如图 6–9 所示.

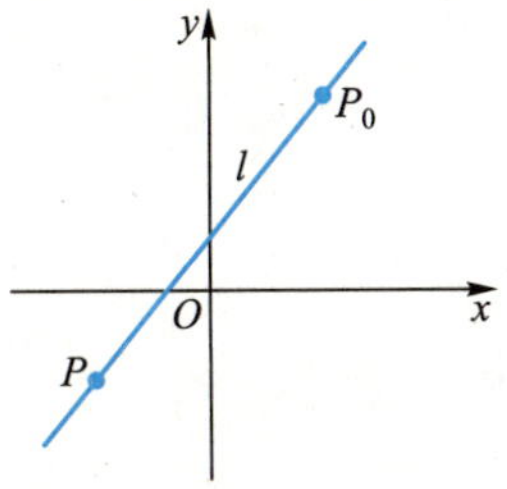

图 6–8

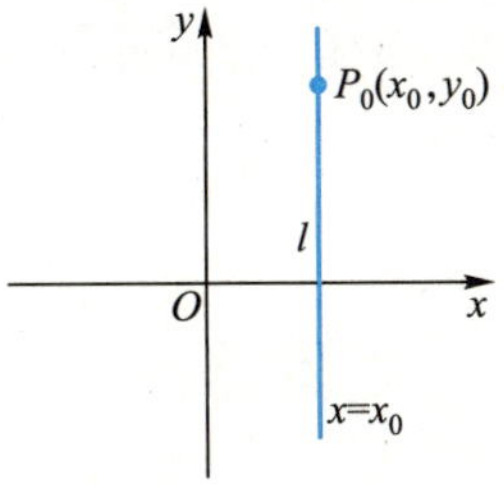

图 6–9

如图 6–10 所示, 如果直线 l 与 y 轴的交点是点 $(0,b)$, 则 b 叫做直线 l 在 y 轴上的**截距**.

若直线 l 的斜率为 k, 在 y 轴上的截距为 b, 即直线 l 经过点 $(0,b)$, 则这条直线的方程为

$$y-b=k(x-0),$$

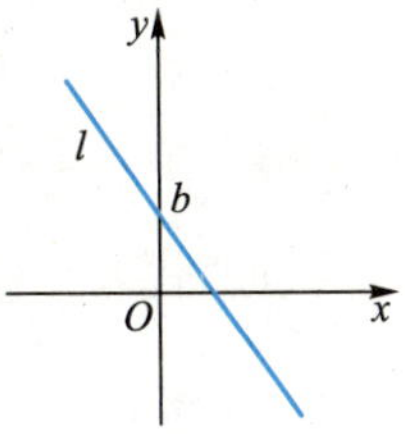

图 6–10

整理, 可得

$$y=kx+b.$$

我们把上述方程叫做直线的**斜截式方程**.

典型例题

例 1 已知直线 l 的斜率为 -3, 且过点 $A(2,5)$, 求直线 l 的方程.

解 由直线的点斜式方程得

$$y-5=-3(x-2),$$

于是所求直线 l 的方程为

$$3x+y-11=0.$$

例 2 已知直线 l 经过点 $A(1,-5)$ 和点 $B(2,3)$, 求直线 l 的方程.

解 因为所求直线 l 经过点 $A(1,-5)$ 和点 $B(2,3)$, 所以, 直线 l 的斜率

$$k=\frac{3+5}{2-1}=8.$$

由直线的点斜式方程得

$$y+5=8(x-1),$$

即

$$8x-y-13=0.$$

例 3 已知直线 l 的斜率为 3, 其在 y 轴上的截距为 -4, 求直线 l 的方程.

解 由直线的斜截式方程得

$$y=3x-4,$$

整理, 可得

$$3x-y-4=0.$$

> **想一想**
>
> 例 3 中求直线 l 的方程, 你还有其他的方法吗?

融会贯通

在本讲【专业链接】中汽车的前进量是 5 m, 升高量为 4 m, 可以看做是已知点 $P_0(5,4)$ 在斜坡所在的直线上, 如图 6–6(2). 即已知直线上点 $O(0,0)$ 和点 $P_0(5,4)$, 求斜坡所在的直线方程.

解 因为直线过点 $O(0,0)$、点 $P_0(5,4)$, 所以斜率 $k=\frac{4}{5}$, 由直线的点斜式方程得

$$y-0=\frac{4}{5}(x-0),$$

整理得到斜坡所在的直线方程为

$$y=\frac{4}{5}x.$$

践行新知

1. 口答下列各题:

(1) 直线的方程为 $y=-2x+4$, 它的斜率 $k=$ ________, 它在 y 轴上的截距 $b=$ ________;

(2) 直线的方程为 $y-3=x-1$, 它的斜率 $k=$ ________, 它在 y 轴上的截距 $b=$ ________, 倾斜角 $\alpha=$ ________.

2. 求满足下列条件的直线方程:

(1) 过点 $(3,2)$, 斜率为 $\dfrac{2}{3}$;

(2) 过点 $(-3,2)$, 斜率为 $\sqrt{5}$;

(3) 平行于 x 轴, 且过点 $A(3,5)$;

(4) 斜率为 -2, 在 y轴上的截距为 1.

3. 已知直线 $y-1=k(x-2)$ 经过点 $A(4,9)$, 求 k 的值.

4. 已知直线 l 经过点 $A(-1,2)$ 和点 $B(3,-2)$, 求直线 l 的方程.

第 3 讲　圆的标准方程

专业链接

为什么汽车的轮子设计成圆形呢 (图 6–11)? 因为圆心到圆上任一点的距离都等于半径, 这样车行驶起来更具稳定性.

同学们先复习初中所学的圆的基本概念, 思考这些知识与汽车有哪些联系. 再来探究圆的标准方程是怎样的.

视频 6–5
圆的基本概念

(1)　(2)

图 6–11

数学相关

观察思考

我们知道, 平面内到一定点的距离等于定长的点的轨迹是圆. 定点是圆心, 定长是圆的半径.

现在, 我们来求以点 $C(a,b)$ 为圆心, r 为半径的圆的方程.

视频 6–6
圆的标准方程

如图 6–12 所示，设点 $M(x,y)$ 是一动点，点 M 在该圆上的充要条件是 $|CM| = r$，由两点间的距离公式，得

$$\sqrt{(x-a)^2+(y-b)^2}=r,$$

两边平方，得

$$\boxed{(x-a)^2+(y-b)^2=r^2.} \quad (1)$$

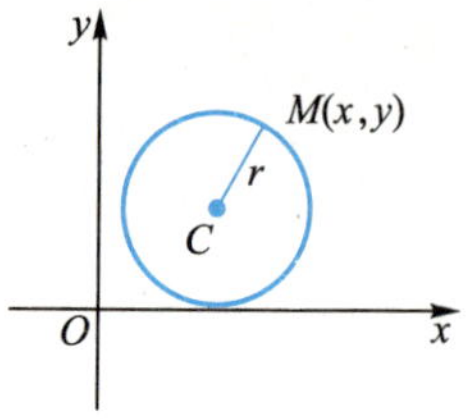

图 6–12

新知讲授

圆上的每一个点的坐标 (x,y) 都是方程 (1) 的解；反过来，以方程 (1) 的解 (x,y) 为坐标的点都在这个圆上，所以方程 (1) 就是该圆的方程，称为**圆的标准方程**.

例如，以点 $C(1,-2)$ 为圆心，半径为 5 的圆的方程是

$$(x-1)^2+(y+2)^2=25.$$

点 $P_1(5,1)$ 的坐标是方程的解，因此，点 P_1 在该圆上；点 $P_2(1,2)$ 的坐标不是方程的解，因此，点 P_2 不在该圆上.

如图 6–13 所示，圆心在坐标原点，这时 $a=0, b=0$，圆的标准方程就是

$$\boxed{x^2+y^2=r^2.}$$

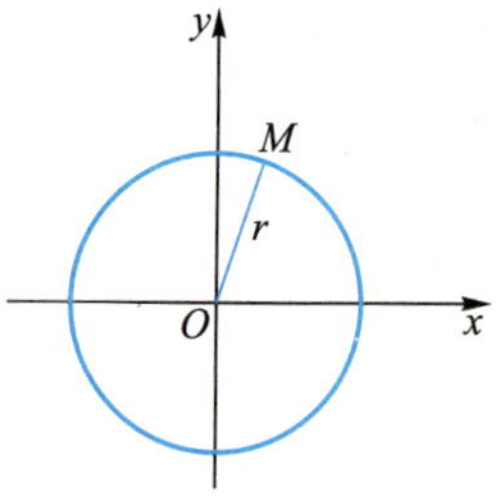

图 6–13

例如，圆心在坐标原点，半径为 4 的圆的方程是

$$x^2+y^2=16.$$

典型例题

例 1 根据下列条件，求圆的方程：

(1) 圆心在点 $C(-2,1)$，并且过点 $A(2,-2)$；

(2) 过点 $A(2,3)$，点 $B(4,9)$，且以线段 AB 为直径.

解 (1) 所求圆的半径

$$r=|CA|=\sqrt{(2+2)^2+(-2-1)^2}=5,$$

则所求圆的方程为

$$(x+2)^2+(y-1)^2=25.$$

(2) 设圆心 C 的坐标为 (a, b), 则

$$a = \frac{2+4}{2} = 3, \quad b = \frac{3+9}{2} = 6,$$

所以圆心 C 的坐标是 $(3, 6)$.

所求圆的半径为

$$r = \frac{1}{2}|AB| = \frac{1}{2}\sqrt{(4-2)^2+(9-3)^2} = \sqrt{10}.$$

因此, 所求圆的方程为

$$(x-3)^2+(y-6)^2 = 10.$$

例 2 求过点 $A(0, 1)$、点 $B(2, 1)$ 且半径为 $\sqrt{5}$ 的圆的方程.

解 设圆心坐标为 (a, b), 则圆的方程为

$$(x-a)^2+(y-b)^2 = 5.$$

依题意, 得

$$\begin{cases} a^2+(1-b)^2 = 5, \\ (2-a)^2+(1-b)^2 = 5, \end{cases}$$

解此方程组, 得

$$\begin{cases} a_1 = 1, \\ b_1 = -1, \end{cases} \text{或} \begin{cases} a_2 = 1, \\ b_2 = 3. \end{cases}$$

因此, 所求圆的方程为

$$(x-1)^2+(y+1)^2 = 5,$$

或

$$(x-1)^2+(y-3)^2 = 5.$$

视频 6–7

点与圆的位置关系

下面介绍用几何画板求圆心在点 $C(2, 3)$, 并过点 $A(1, -2)$ 的圆的标准方程.

第 1 步, 启动几何画板 (5.0.1), 并建立直角坐标系.

第 2 步, 绘制点 $(1, -2)$, 并标注为 "A".

第 3 步, 绘制点 $(2, 3)$, 并标注为 "C".

第 4 步, 依次选中点 C 和点 A, 单击 "构造" 菜单下的 "以圆心和圆周上的点作圆" 命令, 构造出圆.

第 5 步, 选中圆, 单击 "度量" 菜单下的 "方程" 命令, 则圆的方程就出现在绘图区左上方, 如图 6–14 所示.

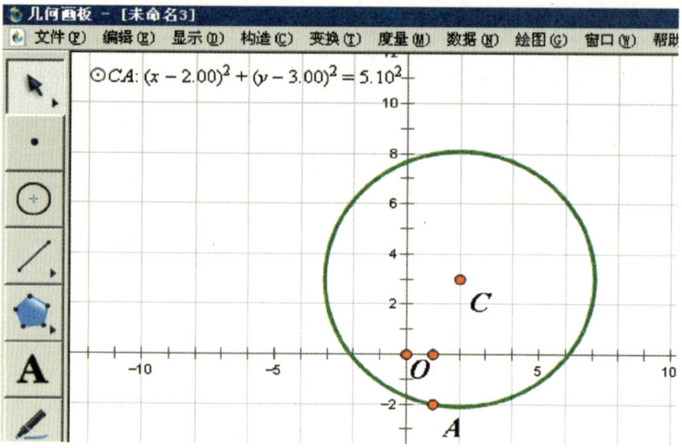

图 6–14

小提示

由于软件算法的原因，显示在左上角的圆的方程中，半径的平方取的是一个近似值 5.10^2，而不是 26.

融会贯通

圆心确定了圆的位置，半径确定了圆的大小，所以圆心和半径是圆的两要素. 因此在解决问题时，只要确定了圆心坐标和半径长度就可以写出圆的标准方程. 你能帮助正在汽修厂实习的小明同学解决下面的问题吗？

某次汽车修理中，一个圆形的零件损坏了，只剩下如图所示的一部分. 现在小明准备重做一个这样的零件，为了获得这个圆形零件的半径，小明在零件上画了一条线段 AB，并作出了 AB 的垂直平分线 MN，而且测得 $AB = 8$ cm，$MN = 2$ cm，如图 6–15 所示. 根据已有数据，试帮小明求出这个零件的半径.

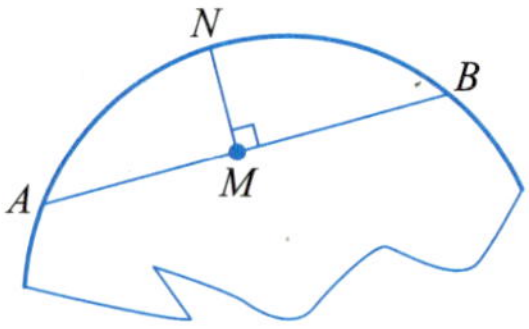

图 6–15

践行新知

1. 写出满足下列条件的圆的标准方程：

(1) 圆心为坐标原点，半径为 $\frac{1}{2}$；

(2) 圆心为点 $(-2, 1)$，半径为 $\sqrt{7}$；

(3) 圆心为点 $(2, 0)$，半径为 $\sqrt{5}$；

(4) 圆心为点 $(0, 1)$，半径为 4.

2. 写出下列圆的圆心和半径：

(1) $x^2 + y^2 = 5$； (2) $(x - 3)^2 + (y + 1)^2 = 4$；

(3) $x^2 + (y + 1)^2 = 2$； (4) $(x - 1)^2 + y^2 = 3$.

3. 求满足下列条件的圆的方程：

(1) 圆心为 $(0, 3)$，过点 $(3, 1)$；

(2) 已知点 $A(-3, 2)$，点 $B(9, -4)$，圆以线段 AB 为直径；

(3) 圆过点 $(0, 1)$ 和点 $(0, 3)$，半径等于 1.

4. 某汽车空调压缩机缸体有 7 个气缸，如果每个气缸的直径为 20 mm，则该压缩机汽缸的总面积为多少？如果每个汽缸活塞行程为 150 mm，则该压缩机排量为多少？

AR

第 4 题图

第 4 讲　椭圆的标准方程

专业链接

许多星体的运行轨迹是椭圆，汽车油罐横截面的轮廓是椭圆，很多汽车商标是椭圆形的，在我们汽修专业学习中，双作用叶片泵(作为动力转向油泵) 如图 6–16 所示，泵的腔体横截面也是椭圆形的. 椭圆是如何画出来的呢？椭圆的方程是怎样的？

视频 6–8
椭圆的标准方程

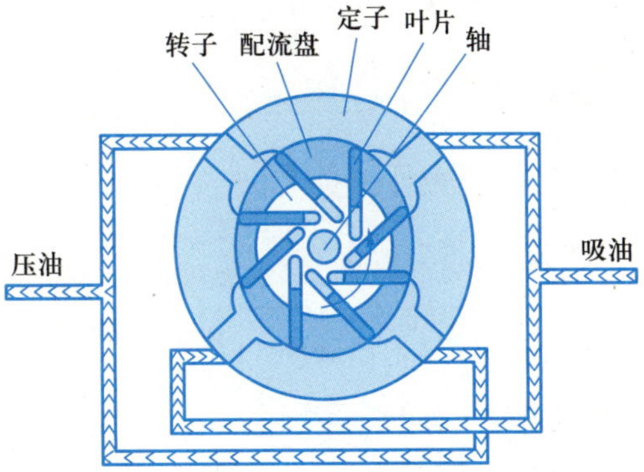

图 6–16

数学相关

观察思考

下面，我们来动手做一个实验.

准备工具: 一条无弹性细绳、一支铅笔、素描纸一张、图钉两个.

步骤及要求: 首先将细绳两个端点用图钉固定在素描纸上 $\boldsymbol{F}_1$ 和 $\boldsymbol{F}_2$ 两点, 且绳长大于点 $\boldsymbol{F}_1$ 和点 $\boldsymbol{F}_2$ 的距离, 然后用笔尖拉紧绳子并慢慢移动, 就在素描纸上画出一个椭圆, 如图 6–17 所示.

新知讲授

平面内到两个定点 $\boldsymbol{F}_1$、$\boldsymbol{F}_2$ 的距离之和等于常数 (大于 $|\boldsymbol{F}_1\boldsymbol{F}_2|$) 的点的轨迹叫做**椭圆**. 两个定点 $\boldsymbol{F}_1$、$\boldsymbol{F}_2$ 叫做椭圆的**焦点**, 两焦点间的距离 $|\boldsymbol{F}_1\boldsymbol{F}_2|$ 叫做椭圆的**焦距**.

如图 6–18 所示, 取过焦点 F_1 和 F_2 的直线为 x 轴, 线段 F_1F_2 的垂直平分线为 y 轴, 建立平面直角坐标系 xOy.

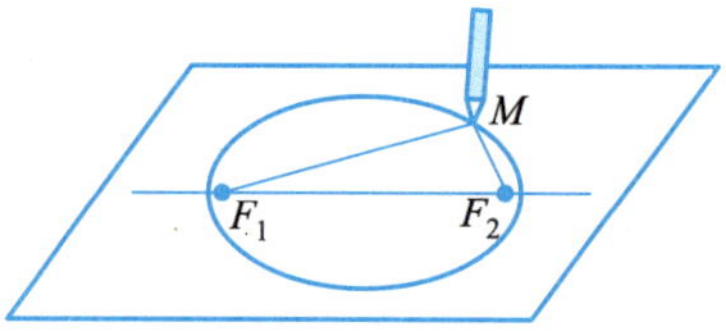

图 6–17

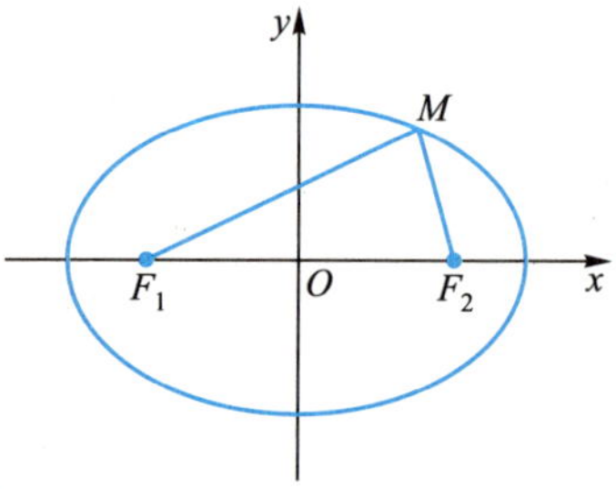

图 6–18

设点 $M(x, y)$ 是椭圆上任意一点, 椭圆的焦距是 $2c(c > 0)$, 点 M 与点 F_1、点 F_2 的距离之和等于常数 $2a$, 则

$$F_1(-c, 0), F_2(c, 0).$$

根据椭圆的定义, 有

$$|MF_1| + |MF_2| = 2a.$$

由两点间的距离公式, 得方程

$$\sqrt{(x+c)^2 + y^2} + \sqrt{(x-c)^2 + y^2} = 2a.$$

将方程移项, 两边平方, 得

$$(\sqrt{(x+c)^2 + y^2})^2 = (2a - \sqrt{(x-c)^2 + y^2})^2,$$

化简, 得

$$a^2 - cx = a\sqrt{(x-c)^2 + y^2},$$

两边再平方, 得

$$(a^2 - cx)^2 = (a\sqrt{(x-c)^2 + y^2})^2,$$

化简，得

$$a^4+c^2x^2=a^2x^2+a^2y^2+a^2c^2,$$

整理，得

$$(a^2-c^2)x^2+a^2y^2=a^2(a^2-c^2).$$

由椭圆定义可知，$2a>2c>0$，即 $a>c>0$，所以 $a^2-c^2>0$.

设 $a^2-c^2=b^2(b>0)$，则有

$$b^2x^2+a^2y^2=a^2b^2,$$

两边同时除以 a^2b^2，得

$$\boxed{\frac{x^2}{a^2}+\frac{y^2}{b^2}=1\ (a>b>0).} \tag{1}$$

反之，我们可以证明，以方程 (1) 的解为坐标的点都在椭圆上. 因此，我们把方程 (1) 叫做**椭圆的标准方程**. 它表示椭圆的焦点在 x 轴上，焦点坐标为 $F_1(-c,0)$，$F_2(c,0)$，其中 $c^2=a^2-b^2$.

如果椭圆的两个焦点所在的直线为 y 轴 (图 6–19)，那么焦点为 $F_1(0,-c)$，$F_2(0,c)$，只要将方程 (1) 中的 x，y 互换，就可以得到它的方程为

$$\boxed{\frac{y^2}{a^2}+\frac{x^2}{b^2}=1(a>b>0).} \tag{2}$$

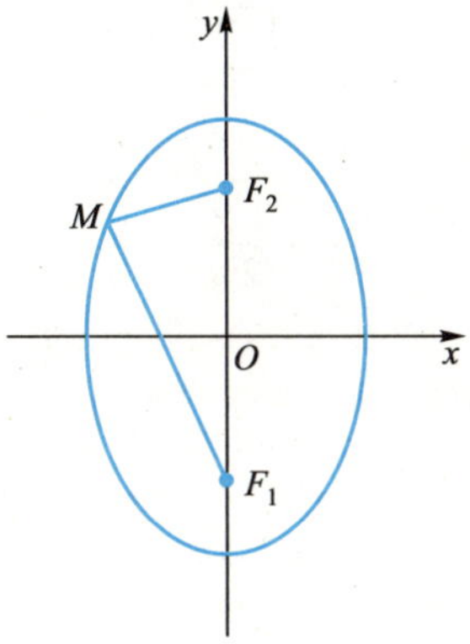

图 6–19

方程 (2) 也是椭圆的标准方程.

典型例题

例 1 平面内两个定点的距离是 8，求到这两个定点的距离的和是 10 的点的轨迹方程.

> 想一想
>
> 如果取线段 F_1F_2 所在的直线为 y 轴，以线段 F_1F_2 的垂直平分线为 x 轴，椭圆的方程是怎样的？

解 这个轨迹是一个椭圆，两个定点是焦点，用 F_1、F_2 表示．取过点 F_1 和点 F_2 的直线为 x 轴，线段 F_1F_2 的垂直平分线为 y 轴．

因为 $2a=10,\quad 2c=8,$

所以 $a=5,\quad c=4,$

$$b^2=a^2-c^2=5^2-4^2=9.$$

因此，这个椭圆的标准方程是

$$\frac{x^2}{25}+\frac{y^2}{9}=1.$$

例 2 分别求椭圆 $A:\dfrac{x^2}{4}+\dfrac{y^2}{3}=1$ 与椭圆 $B:\dfrac{x^2}{3}+\dfrac{y^2}{4}=1$ 的焦点．

解 因为 $4>3$，所以椭圆 A 的焦点在 x 轴上，椭圆 B 的焦点在 y 轴上．

因为 $a^2=4, b^2=3$，故 $c=\sqrt{a^2-b^2}=\sqrt{4-3}=1$．所以椭圆 A 的两个焦点分别为 $(-1,0)$ 和 $(1,0)$，椭圆 B 的两个焦点分别为 $(0,-1)$ 和 $(0,1)$．

例 3 已知椭圆的焦点在 x 轴上，$a=5$，经过点 $A\left(4,-\dfrac{3}{5}\right)$，求椭圆的标准方程．

解 设椭圆的方程为 $\dfrac{x^2}{5^2}+\dfrac{y^2}{b^2}=1$，因为椭圆经过点 $A\left(4,-\dfrac{3}{5}\right)$，所以

$$\frac{4^2}{5^2}+\frac{\left(-\frac{3}{5}\right)^2}{b^2}=1,$$

即

$$\frac{16}{25}+\frac{9}{25b^2}=1,$$

解得 $b^2=1$，

所以椭圆的标准方程为

$$\frac{x^2}{25}+y^2=1.$$

践行新知

1. 口答下列各题：

(1) 椭圆 $\dfrac{x^2}{25}+\dfrac{y^2}{9}=1$ 的焦点在________轴上，焦点坐标是________、________；

(2) 椭圆 $\dfrac{y^2}{25}+\dfrac{x^2}{9}=1$ 的焦点在________轴上，焦点坐标是

________、________.

2. 写出符合下列条件的椭圆的标准方程:

(1) $a = 5$, 焦点为 $F_1(-3, 0)$, $F_2(3, 0)$;

(2) $a = 5$, 焦点为 $F_1(0, -3)$, $F_2(0, 3)$.

3. 求下列椭圆的焦点坐标与焦距:

(1) $\frac{x^2}{5} + \frac{y^2}{3} = 1$;　　(2) $16x^2 + 25y^2 = 400$;

(3) $9y^2 + 16x^2 = 144$;　　(4) $\frac{x^2}{4} + \frac{y^2}{9} = 1$.

4. 已知椭圆的焦点在 x 轴上, $a = 2\sqrt{5}$, 经过点 $A(2, -2)$, 求椭圆的标准方程.

第 5 讲　椭圆的几何性质

专业链接

双作用叶片泵如图 6–16 所示, 泵的腔体横截面是椭圆形, 椭圆面积越大, 泵油量就越多; 当椭圆面积相等时, 长轴与短轴长度差越大, 泵油量就越多. 那么椭圆的面积应该怎样求? 什么是椭圆的长轴和短轴呢? 这都与椭圆的几何性质有关.

视频 6–9
椭圆的几何性质

数学相关

观察思考

观察椭圆 $\frac{x^2}{a^2} + \frac{y^2}{b^2} = 1\ (a > b > 0)$ 在几何画板中的图像, 研究椭圆的几何性质.

新知讲授

(1) 对称性

在椭圆标准方程中, 把 x 换成 $-x$, 方程不改变, 表明椭圆关于 y 轴对称; 把 y 换成 $-y$, 方程也不改变, 所以椭圆关于 x 轴对称; 同时把 x 换成 $-x$, 把 y 换成 $-y$, 方程也不改变, 所以椭圆关于坐标原点对称.

观察图 6–20, 同样可以发现椭圆既是轴对称图形, 又是中心对称图形. 坐标轴是椭圆的对称轴, 坐标原点是它的对称中心. 这个对称中心也叫做椭圆的**中心**.

(2) 顶点

在标准方程 $\frac{x^2}{a^2} + \frac{y^2}{b^2} = 1(a > b > 0)$ 中, 令 $y = 0$, 得 $x = \pm a$, 可得椭圆和 x 轴有两个交点 $A_1(-a, 0)$, $A_2(a, 0)$; 令 $x = 0$, 得 $y = \pm b$, 可

得椭圆和 y 轴有两个交点 $B_1(0,-b), B_2(0,b)$. 因此, 椭圆与它的对称轴有四个交点, 这四个交点叫做椭圆的顶点, 如图 6–21 所示.

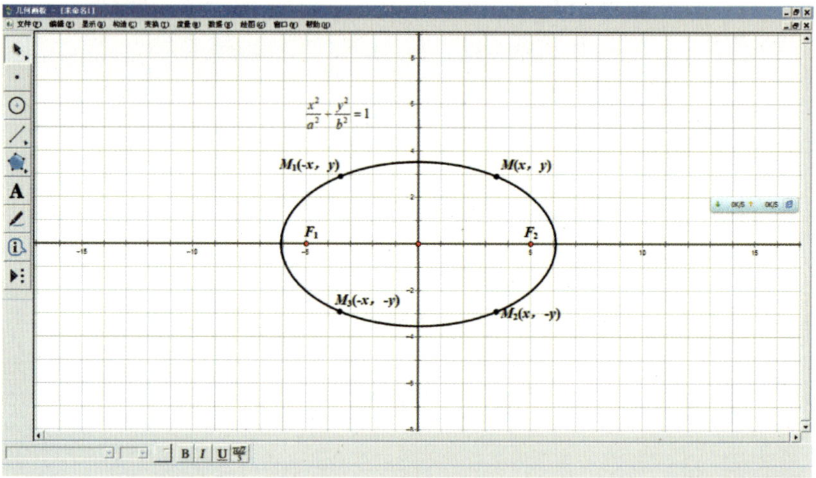

图 6–20

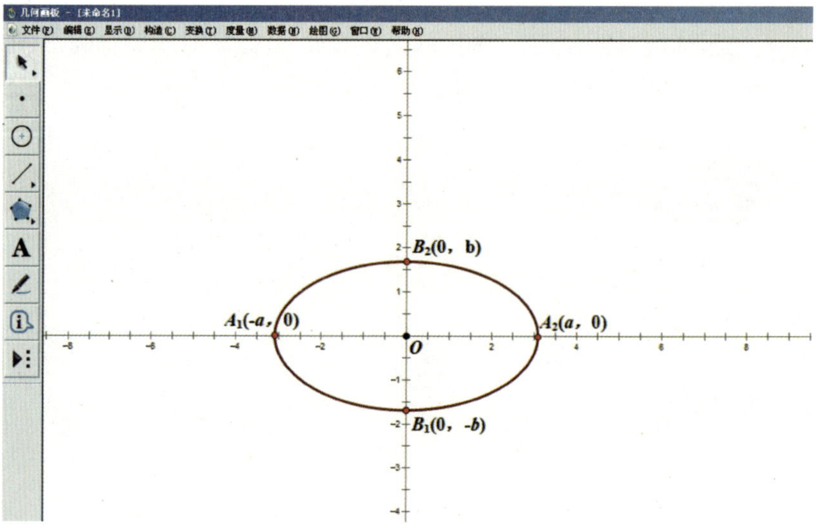

图 6–21

线段 A_1A_2 和 B_1B_2 分别叫做椭圆的长轴和短轴, 它们的长分别为 $2a$ 和 $2b$, a 和 b 分别是椭圆的半长轴长和半短轴长.

(3) 面积

椭圆的面积公式 $\boldsymbol{S}=\boldsymbol{ab}\pi$.

(4) 范围

由图 6–22 可看出, 椭圆上点的坐标 (x, y), 横坐标的范围是 $|x| \leqslant a$, 纵坐标的范围是 $|y| \leqslant b$.

同样地, 由标准方程可知: $\frac{x^2}{a^2} \leqslant 1, \frac{y^2}{b^2} \leqslant 1$, 即 $x^2 \leqslant a^2, y^2 \leqslant b^2$.

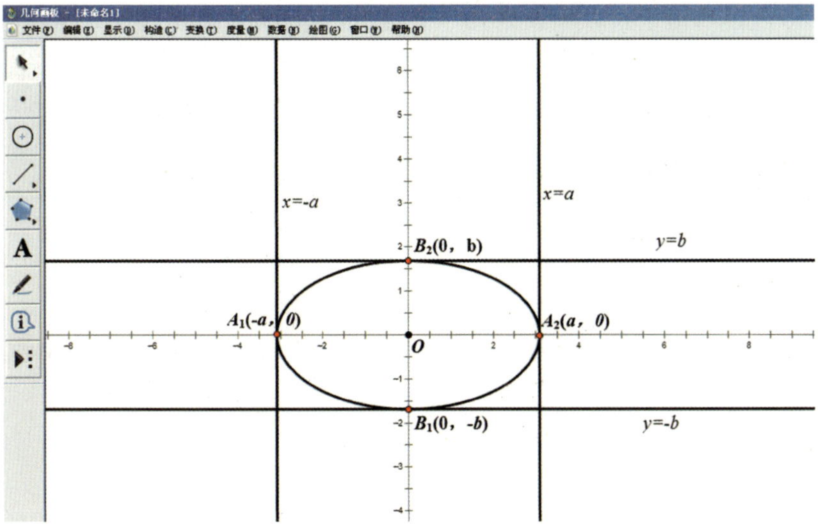

图 6-22

所以, $|x| \leqslant a, |y| \leqslant b$. 这说明椭圆位于直线 $x = \pm a, y = \pm b$ 所围成的矩形内.

(5) 离心率

观察图 6-23, 图中两个椭圆的扁圆程度是不同的, 那么用什么量可以刻画出椭圆的扁圆程度呢?

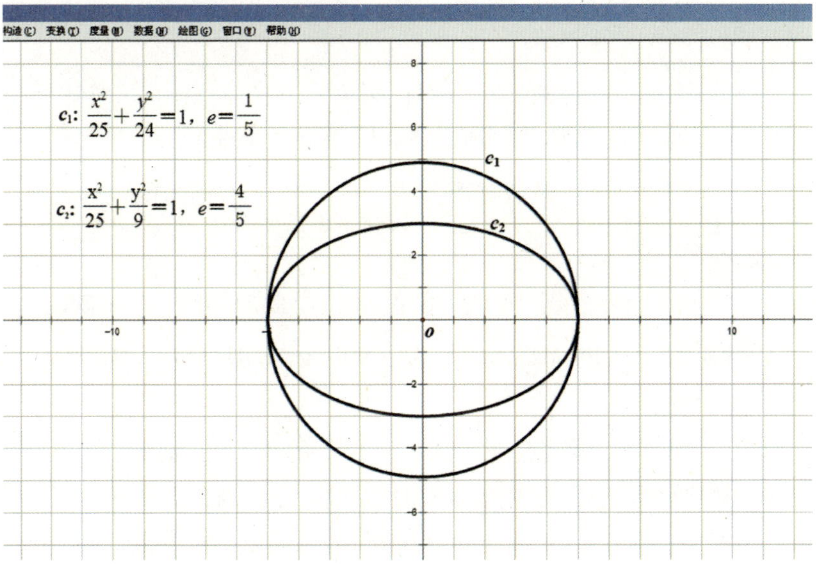

图 6-23

椭圆的焦距与长轴长的比值, 叫做椭圆的**离心率**. 用 e 表示, 即 $e = \dfrac{c}{a}$.

因为 $a > c > 0$, 所以 $0 < e < 1$. 所以当 e 越大且趋近于 1 时, c

越趋近于 a, 从而 $b=\sqrt{a^2-c^2}$ 越小, 椭圆就越扁; 当 e 越小且趋近于 0 时, c 越趋近于 0, 从而 b 越趋近于 a, 椭圆就越趋近于圆.

如果 $c=0$, 则 $a=b$, 椭圆两个焦点重合, 这时椭圆标准方程就变为圆的方程

$$x^2+y^2=a^2.$$

试一试

对于焦点在 y 轴上的椭圆的几何性质, 你能总结出来吗?

典型例题

例 求椭圆 $4x^2+9y^2=36$ 的半长轴长、半短轴长、顶点坐标、焦点坐标、离心率, 并用几何画板画出它的图像.

解 把已知方程化为标准方程:

$$\frac{x^2}{9}+\frac{y^2}{4}=1,$$

由此可知, 椭圆的焦点在 x 轴上, 且 $a^2=9, b^2=4$,

$$c=\sqrt{a^2-b^2}=\sqrt{9-4}=\sqrt{5}.$$

所以, 半长轴长为 $a=3$, 半短轴长为 $b=2$.

顶点坐标是 $(-3,0),(3,0),(0,-2),(0,2)$.

焦点坐标是 $(-\sqrt{5},0),(\sqrt{5},0)$.

离心率

$$e=\frac{c}{a}=\frac{\sqrt{5}}{3}.$$

下面用几何画板的“绘图”菜单下的“绘制新函数”作出椭圆.

第 1 步, 启动几何画板 (5.0.1), 并建立坐标系.

第 2 步, 将椭圆标准方程 $\frac{x^2}{9}+\frac{y^2}{4}=1$ 化为函数形式 $y=\pm\frac{2}{3}\sqrt{9-x^2}$.

第 3 步, 点击“绘图”菜单下的“绘制新函数”, 在出现的“新建函数”对话框中输入函数式 $\frac{2}{3}\sqrt{9-x^2}$, 点击“确定”, 画出椭圆的上半部分.

第 4 步, 再次点击“绘图”菜单下的“绘制新函数”, 在出现的“新建函数”对话框中输入负号“–”后, 点击画板上出现的函数式“$f(x)=\frac{2}{3}\sqrt{9-x^2}$”, 再点击对话框中的“$x$”, 输入函数“$-f(x)$”, 最后点击“确定”, 画出椭圆的下半部分, 如图 6–24 所示.

融会贯通

我们从椭圆的对称性、顶点、面积、范围、离心率五个方面讲述了椭圆的几何性质, 并讲解了用几何画板画椭圆的方法步骤.

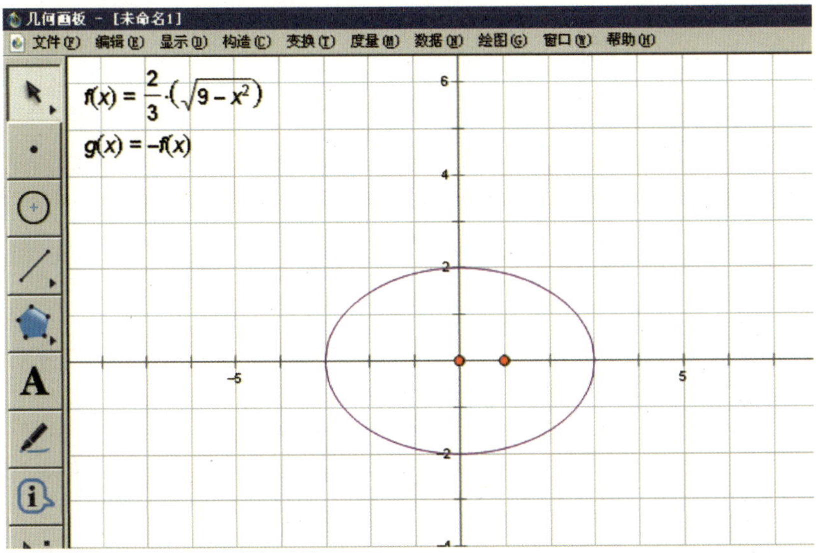

图 6–24

希望同学们注意椭圆和椭圆的几何性质在生活和汽修专业学习中的应用.

践行新知

1. 求下列椭圆的长轴、短轴长和面积:

(1) $\dfrac{x^2}{25}+\dfrac{y^2}{9}=1$;　　(2) $\dfrac{x^2}{25}+\dfrac{y^2}{49}=1$.

2. 写出下列椭圆的顶点、焦点坐标:

(1) $\dfrac{x^2}{16}+\dfrac{y^2}{4}=1$;　　(2) $\dfrac{x^2}{9}+\dfrac{y^2}{25}=1$.

3. 求满足下列条件的椭圆的标准方程:

(1) 焦距为 2, 离心率 $e=\dfrac{\sqrt{5}}{5}$, 焦点在 x 轴上;

(2) 长轴长是短轴长的 3 倍, 且经过点 $P(3,0)$, 焦点在 y 轴上.

4. 如图, 我国发射的第一颗人造地球卫星的运行轨道, 是以地心 (地球的中心) F_2 为一个焦点的椭圆. 已知它的近地点 A (离地面最近的点) 距地面 212 km, 远地点 B (离地面最远的点) 距地面 41 981 km, 并且 F_2、A、B 在同一直线上, 地球半径约为 6 371 km. 求卫星运行的轨道方程 (精确到 0.1 km).

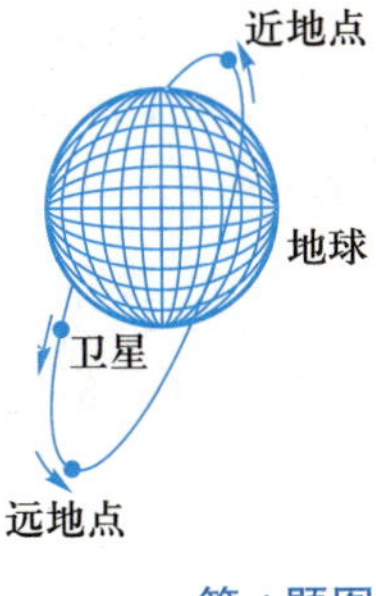

第 4 题图

第 6 讲　双曲线的标准方程

专业链接

在汽修专业学习中，汽车主减速器中运用的是准双曲面齿轮（图 6–25），双曲面齿轮在传动过程中，齿轮啮合线比其他类型齿轮长，因此，其齿面负荷也大. 广泛应用于汽车主减速器中的双曲面，利用的就是双曲线的相关知识.

视频 6–10 双曲线的定义

数学相关

观察思考

如图 6–26 所示，取一条拉链，先拉开一部分，将一支剪短，把长的一支的端点固定在 F_1 处，短的一支的端点固定在 F_2 处，把笔尖放在 M 处，笔尖随拉链的拉开或合上，就画出一条曲线，再把短的一支的端点固定在 F_1 处，把长的一支的端点固定在 F_2 处，同样画出另一条曲线，这两条曲线合起来叫做双曲线，每一条叫做双曲线的一支.

图 6–25

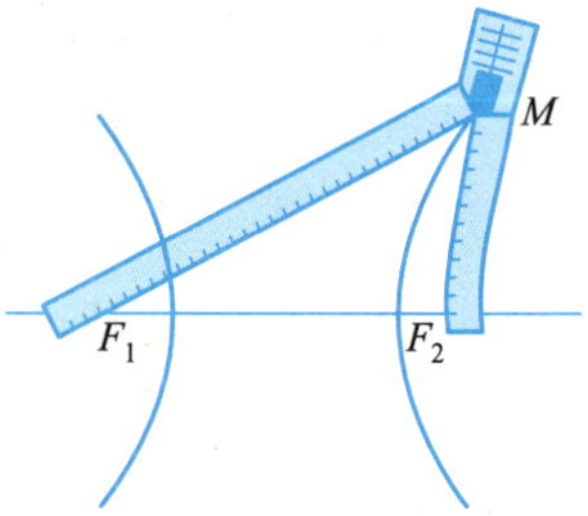

图 6–26

视频 6–11 双曲线标准方程中 $2a$ 与 $2c$ 的关系

新知讲授

平面内与两个定点 F_1、F_2 的距离之差的绝对值等于常数（小于 $|F_1F_2|$ 且不等于零）的点的轨迹叫做**双曲线**. 这两个定点叫做**双曲线的焦点**，两个焦点间的距离叫做**焦距**.

如图 6–27 所示，取过焦点 F_1、F_2 的直线为 x 轴，线段 F_1F_2 的垂直平分线为 y 轴.

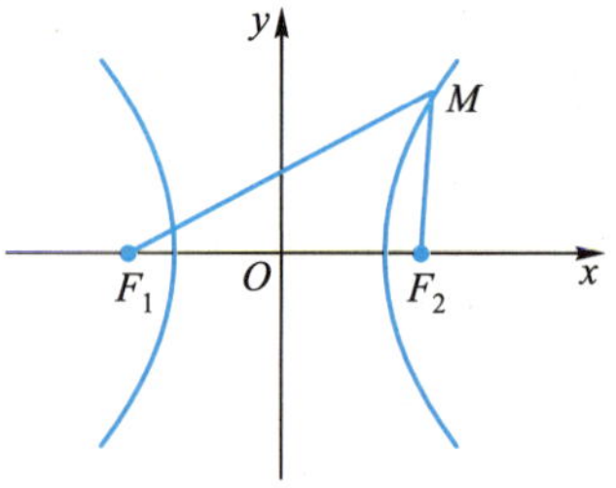

图 6–27

想一想

类比椭圆方程的推导过程，你能说说应当怎样建立坐标系，推导双曲线的方程吗？

设点 $M(x,y)$ 是双曲线上的任意一点, 双曲线的焦距是 $2c$ $(c>0)$, 那么点 F_1、F_2 的坐标分别是 $(-c,0)$、$(c,0)$. 又设点 M 与点 F_1 和点 F_2 的距离之差的绝对值等于常数 $2a(a>0)$, 则点 M 符合条件

$$|MF_1|-|MF_2|=\pm 2a.$$

又因为 $|MF_1|=\sqrt{(x+c)^2+y^2}$, $|MF_2|=\sqrt{(x-c)^2+y^2}$, 于是得方程

$$\sqrt{(x+c)^2+y^2}-\sqrt{(x-c)^2+y^2}=\pm 2a,$$

化简, 得

$$a^4+c^2x^2=a^2x^2+a^2y^2+a^2c^2,$$

整理, 得

$$(c^2-a^2)x^2-a^2y^2=a^2(c^2-a^2).$$

由双曲线的定义可知 $2c>2a>0$, 即 $c>a>0$, 所以 $c^2-a^2>0$. 设 $c^2-a^2=b^2(b>0)$, 代入上式得

$$b^2x^2-a^2y^2=a^2b^2,$$

两边除以 a^2b^2, 得

$$\boxed{\frac{x^2}{a^2}-\frac{y^2}{b^2}=1(a>0,b>0).} \qquad (1)$$

反之, 我们可以证明, 如果点 $M(x,y)$ 的坐标满足方程 (1), 那么点 M 一定在双曲线上. 因此, 方程 (1) 是双曲线的方程. 通常把方程 (1) 叫做**双曲线的标准方程**. 它所表示的双曲线的焦点在 x 轴上, 焦点是 $F_1(-c,0)$、$F_2(c,0)$, 这里

$$c^2=a^2+b^2.$$

如图 6–28 所示, 如果双曲线的焦点在 y 轴上, 焦点是 $F_1(0,-c)$、$F_2(0,c)$, 只要将方程 (1) 中的 x、y 互换, 就可以得到它的方程为

$$\boxed{\frac{y^2}{a^2}-\frac{x^2}{b^2}=1(a>0,b>0).}$$

这也是双曲线的标准方程.

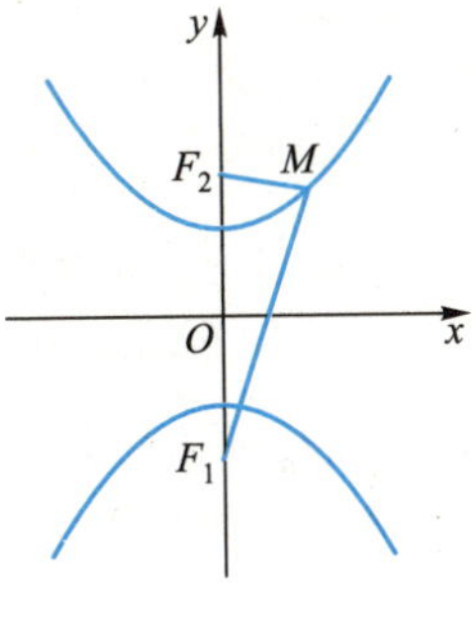

图 6–28

视频 6–12
双曲线的标准方程推导

想一想

类比焦点在 y 轴上的椭圆, 你能说出焦点在 y 轴上的双曲线的标准方程吗?

典型例题

例 1　已知双曲线的标准方程为 $\frac{x^2}{10}-\frac{y^2}{15}=1$, 求焦点坐标.

解 由双曲线的标准方程为 $\frac{x^2}{10}-\frac{y^2}{15}=1$, 可知 $a^2=10, b^2=15$, 则

$$c^2=a^2+b^2=25, \quad c=5.$$

又因为双曲线的焦点在 x 轴上, 所以焦点坐标为 $(-5,0)$ 和 $(5,0)$.

例 2 已知两点 $F_1(-5,0), F_2(5,0)$, 求与它们的距离差的绝对值是 8 的动点轨迹方程, 并用几何画板画出动点轨迹.

解 由定义可知, 所求动点的轨迹是焦点在 x 轴上的双曲线, 因为 $c=5, 2a=8$, 所以

$$b^2=c^2-a^2=25-16=9,$$

因此所求方程是

$$\frac{x^2}{16}-\frac{y^2}{9}=1.$$

作图步骤如下:

第 1 步, 启动几何画板 (5.0.1), 并建立直角坐标系.

第 2 步, 绘制点 $(-5,0)$, 标记为 "F_1". 同理, 绘制点 $(5,0)$ 标记为 "F_2".

第 3 步, 绘制点 $(3,0)$, 并标记为 "A".

第 4 步, 选中点 F_1 和点 A, 构造以 F_1 为圆心, 半径为 8 的圆.

第 5 步, 选中圆, 构造出圆上的点 B.

第 6 步, 选中点 F_1 和点 B, 构造直线 F_1B.

第 7 步, 选中点 F_2 和点 B, 构造线段 F_2B. 选中线段 F_2B, 构造出线段 F_2B 的中点 C.

第 8 步, 同时选中点 C 和线段 F_2B, 构造出线段 F_2B 的垂直平分线.

第 9 步, 选中该中垂线和直线 F_1B, 构造交点 M.

第 10 步, 选中点 M 和点 F_2, 构造线段 MF_2.

第 11 步, 选中点 M, 单击 "显示" 菜单下的 "追踪交点" 命令.

第 12 步, 选中点 B, 选择 "编辑" 菜单下的 "操作类按钮——动画", 在弹出的对话框中, 将标签改为 "画双曲线", 设好方向和速度, 点确定, 屏幕左上角出现按钮 "画双曲线".

第 13 步, 点击按钮, 随着点 B 在圆周上的运动, 即可生成双曲线 (见图 6–29), 该双曲线的焦点为 $F_1(-5,0), F_2(5,0)$, 且始终满足 $\left||MF_1|-|MF_2|\right|=|F_1B|=8$.

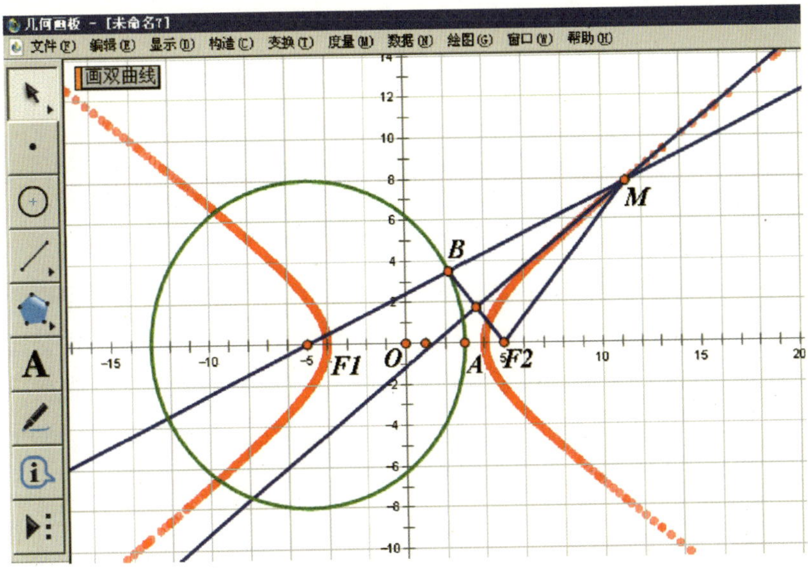

图 6–29

融会贯通

如图 6–30 所示, 准双曲面圆锥齿轮是曲线齿圆锥齿轮的一种特殊形式. 它的特点是能够把小齿轮的轴线对大齿轮轴线偏置一个距离 E, 形成空间交错轴线之间的传动. 因此用于轮胎底盘的驱动桥时, 可以使机械重心下降, 增加平稳性; 或者使离地间隙加大, 提高通过性.

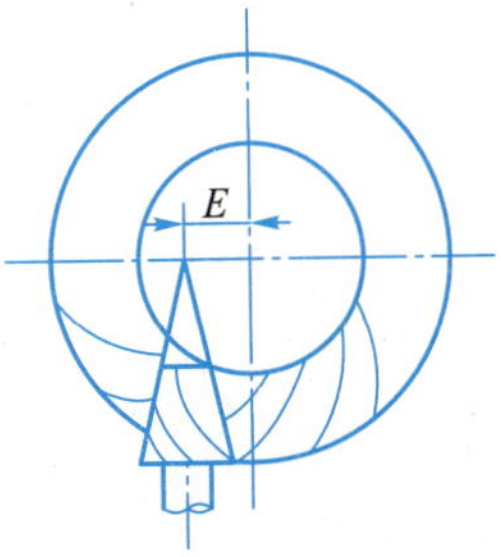

图 6–30

践行新知

1. 口答下列各题:

(1) 双曲线 $\dfrac{x^2}{16}-\dfrac{y^2}{9}=1$ 的焦点在 ________ 轴上, 焦点坐标是 ________、________;

(2) 双曲线 $\dfrac{y^2}{8}-\dfrac{x^2}{8}=1$ 的焦点在 ________ 轴上, 焦点坐标是 ________、________.

2. 写出适合下列条件的双曲线的标准方程:

(1) $a=2$, 焦点为 $F_1(-3,0)$, $F_2(3,0)$;

(2) $a=2$, 焦点为 $F_1(0,-3)$, $F_2(0,3)$.

3. 求下列双曲线的焦点坐标与焦距:

(1) $x^2-y^2=4$; (2) $y^2-x^2=1$;

(3) $9y^2-16x^2=144$; (4) $\dfrac{x^2}{4}-\dfrac{y^2}{9}=1$.

4. 已知双曲线的焦点在 y 轴上, $a = 2\sqrt{5}$, 经过点 $A(2, -5)$, 求双曲线的标准方程.

第 7 讲　双曲线的几何性质

专业链接

吴良镛在北京自然科学界和社会科学界联席会议高峰论坛发言说: 北京必须改变放射环形的交通结构, 创建“双曲线”式交通结构. 实际上他是用了双曲线的性质, 使得机动车辆尽可能在三环、四环外面行驶, 避免公路车流向北京中心城区聚集, 这一讲我们就一起来探究双曲线的几何性质.

视频 6–13

双曲线的几何性质

数学相关

观察思考

类比椭圆几何性质的研究方法, 我们结合双曲线 $\frac{x^2}{a^2} - \frac{y^2}{b^2} = 1(a > 0, b > 0)$ 的几何画板图形来研究它的几何性质.

想一想

类比椭圆几何性质的研究, 你认为双曲线 $\frac{x^2}{a^2} - \frac{y^2}{b^2} = 1\ (a > 0, b > 0)$ 有哪些性质? 如何研究这些性质?

新知讲授

(1) 对称性

观察图 6–31 中几何画板绘制的双曲线 $\frac{x^2}{a^2} - \frac{y^2}{b^2} = 1(a > 0, b > 0)$, 可以发现双曲线关于 x 轴、y 轴和坐标原点都是对称的, x 轴、y 轴是双曲线的两个**对称轴**, 坐标原点是双曲线的**对称中心**, 也叫双曲线的**中心**.

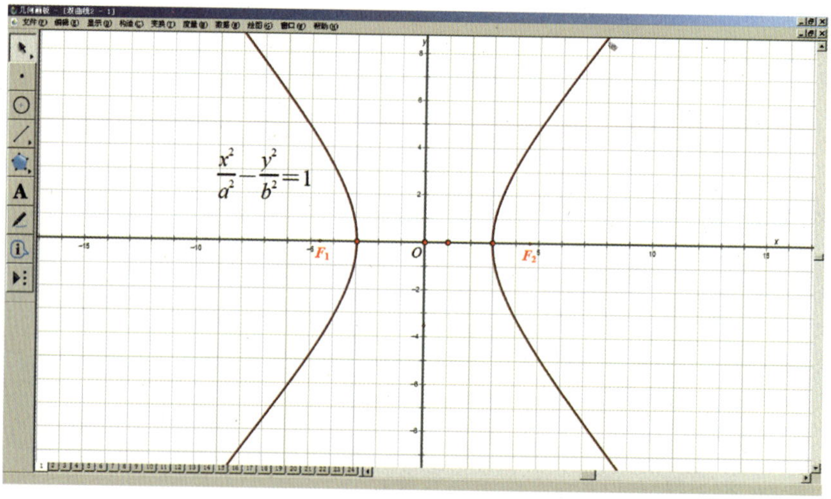

图 6–31

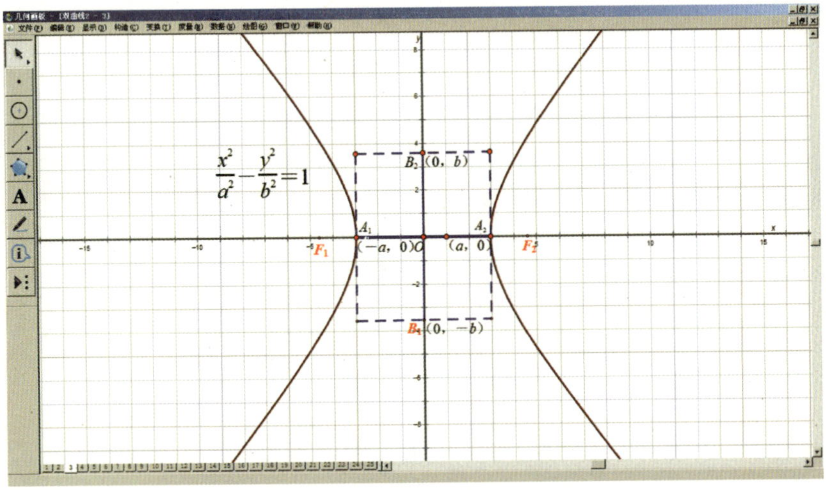

图 6–32

(2) 顶点

观察几何画板绘制的双曲线 $\frac{x^2}{a^2}-\frac{y^2}{b^2}=1(a>0,b>0)$.

在标准方程 $\frac{x^2}{a^2}-\frac{y^2}{b^2}=1(a>0,b>0)$ 中, 令 $y=0$, 得 $x=\pm a$, 可得双曲线和 x 轴有两个交点 $A_1(-a,0), A_2(a,0)$. 双曲线和它的对称轴的两个交点, 叫做双曲线的**顶点**. 线段 A_1A_2 叫做**双曲线的实轴**. 它的长度等于 $2a$, 其中 a 就是双曲线的半实轴长.

令 $x=0$, 得 $y^2=-b^2$, 这个方程没有实数根, 说明双曲线和 y 轴没有交点, 但我们也把 $B_1(0,-b), B_2(0,b)$ 画在 y 轴上, 如图 6–32 所示. 线段 B_1B_2 叫做**双曲线的虚轴**, 它的长度等于 $2b$, 其中 b 就是双曲线的半虚轴长.

(3) 范围

观察几何画板绘制的双曲线. 从图 6–33 中可以看出, 双曲线在直线 $x=a$ 与直线 $x=-a$ 的外侧.

同样地, 由标准方程 $\frac{x^2}{a^2}-\frac{y^2}{b^2}=1$ 可知, $\frac{x^2}{a^2}\geqslant 1$, 即 $x^2\geqslant a^2$, 所以 $x\geqslant a$ 或 $x\leqslant -a$, 因此双曲线在直线 $x=a$ 与直线 $x=-a$ 的外侧.

(4) 渐近线

经过点 A_1、A_2 分别作 y 轴的平行线 $x=\pm a$, 经过点 B_1、B_2 作 x 轴的平行线 $y=\pm b$, 四条直线围成一个矩形. 矩形的两条对角线所在的直线的方程是 $y=\pm\frac{b}{a}x$, 从图 6–34 中可以看出, 双曲线的各端向外延伸时, 分别与这两条直线 $y=\pm\frac{b}{a}x$ 逐渐接近. 我们把这两条直线 $y=\pm\frac{b}{a}x$ 叫做双曲线 $\frac{x^2}{a^2}-\frac{y^2}{b^2}=1$ 的**渐近线**.

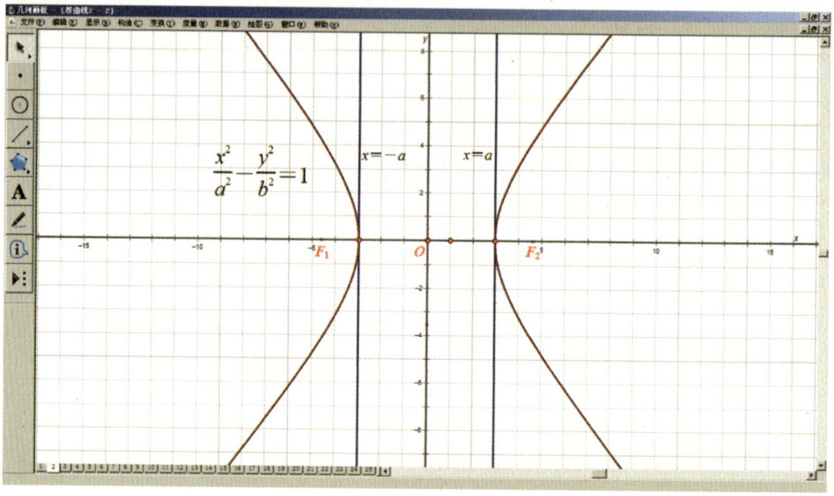

图 6–33

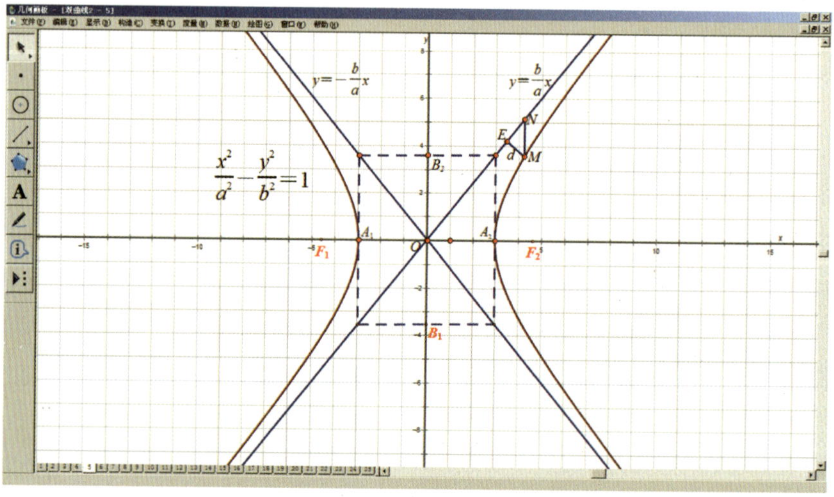

图 6–34

(5) 离心率

双曲线的焦距与实轴长的比叫做双曲线的**离心率**, 用 e 表示, $e=\frac{c}{a}$.

因为 $c>a>0$, 所以双曲线的离心率 $e>1$.

由 $c^2-a^2=b^2$, 可得

$$\frac{b}{a}=\frac{\sqrt{c^2-a^2}}{a}=\sqrt{\frac{c^2}{a^2}-1}=\sqrt{e^2-1}.$$

因此离心率 e 越大, $\frac{b}{a}$ 就越大, 渐近线 $y=\pm\frac{b}{a}x$ 的斜率的绝对值就越大, 双曲线的开口就会越开阔; 反之, 离心率 e 越小, 双曲线的开口就会越狭窄. 利用几何画板进行比较, 如图 6–35 所示.

在双曲线 $\frac{x^2}{a^2}-\frac{y^2}{b^2}=1$ 中, 如果 $a=b$, 那么它的实轴和虚轴的

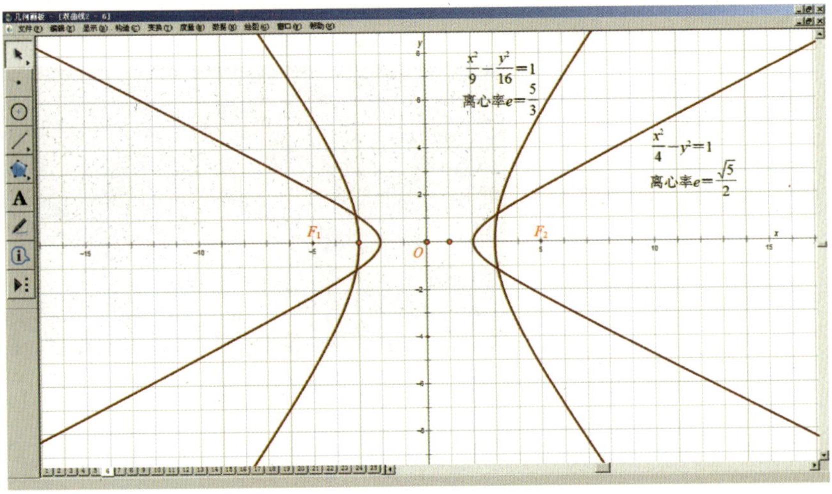

图 6–35

长度都等于 $2a$, 渐近线方程为 $y=\pm x$. 我们把实轴和虚轴等长的双曲线叫做**等轴双曲线**. 等轴双曲线的离心率为 $\sqrt{2}$.

> **试一试**
>
> 对于焦点在 y 轴上的双曲线的几何性质, 你能总结出来吗?

典型例题

例 求双曲线 $5x^2-4y^2=20$ 的半实轴长、半虚轴长、焦点坐标、离心率、渐近线方程, 并画出它的近似图形.

解 把方程化为标准方程 $\frac{x^2}{4}-\frac{y^2}{5}=1$. 由此可知, 半实轴长 $a=2$, 半虚轴长 $b=\sqrt{5}$, $c=\sqrt{a^2+b^2}=\sqrt{4+5}=3$, 两焦点的坐标是 $F_1(-3,0)$, $F_2(3,0)$. 离心率

$$e=\frac{c}{a}=\frac{3}{2}.$$

渐近线方程为 $y=\pm\frac{\sqrt{5}}{2}x$.

融会贯通

利用双曲线相交测定位置的无线电导航系统, 由发射台 (岸台, 至少 3 个) 和接收台 (汽车上的接收台) 组成. 形成双曲线的几何原理是: 到两个固定点距离差为常数的动点的轨迹, 是以这两个固定点为焦点的双曲线, 平面上两条双曲线就可确定一点.

如图 6–36(1) 所示, P 点为测量汽车 (被测点) 的位置, A (主台)、B/C (副台). 若测得 BP 与 AP 的距离差为 ΔD_1, CP 与 AP 的距离差为 ΔD_2, 则可分别由 ΔD_1、ΔD_2 在图上划出两条双曲线, 交点即汽车的位置.

在日常生活中, 轮船、飞机等的定位都用到了双曲线的知识 (图 6–36(2)).

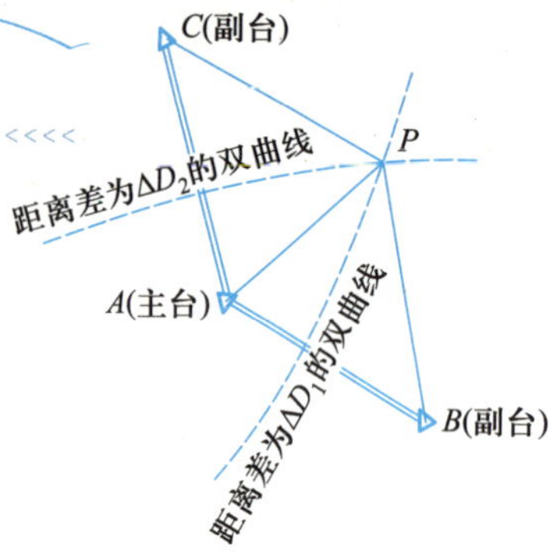

(1)

(2)

图 6–36

践行新知

1. 说出下列双曲线的顶点坐标:

(1) $\dfrac{x^2}{25}-\dfrac{y^2}{9}=1$;　　(2) $\dfrac{y^2}{25}-\dfrac{x^2}{9}=1$;

(3) $x^2-4y^2=16$;　　(4) $y^2-4x^2=16$.

2. 求下列双曲线的实轴、虚轴的长和离心率:

(1) $\dfrac{x^2}{81}-\dfrac{y^2}{9}=1$;　　(2) $y^2-4x^2=1$.

3. 求符合下列条件的双曲线的标准方程:

(1) 实轴长等于 12, 离心率 $e=\sqrt{2}$, 焦点在 x 轴上;

(2) 焦距等于 10, 离心率 $e=\dfrac{5}{3}$, 焦点在 y 轴上.

4. 已知双曲线 $\dfrac{x^2}{a^2}-\dfrac{y^2}{b^2}=1$, 焦距等于 8, 渐近线的斜率等于 $\pm\dfrac{1}{3}$, 求 a、b、e 的值.

5. 等轴双曲线的一个焦点 $F_1(-6,0)$, 求它的标准方程和渐近线方程.

第 8 讲　抛物线的标准方程

专业链接

如图 6–37 所示, 这是圆形前照灯结构图和组合式前照灯结构图, 它们反射镜的轴截面是抛物线形状的. 你知道灯在反射镜中的位置是怎样的吗? 学习了抛物线的相关知识, 你就会恍然大悟!

数学相关

观察思考

我们来动手做一个实验.

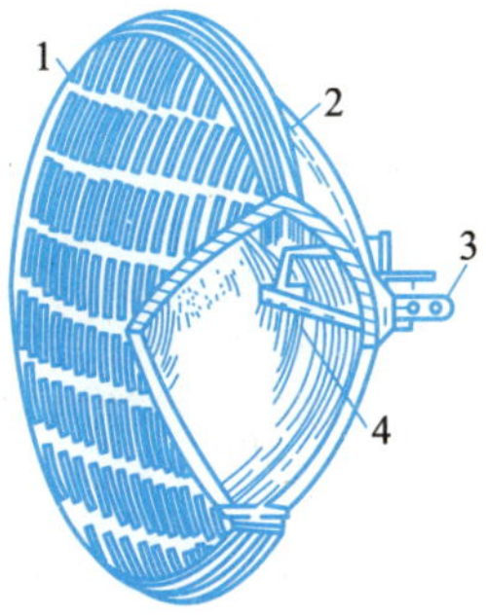

1—配光镜　2—反射镜
3—插头　　4—灯丝

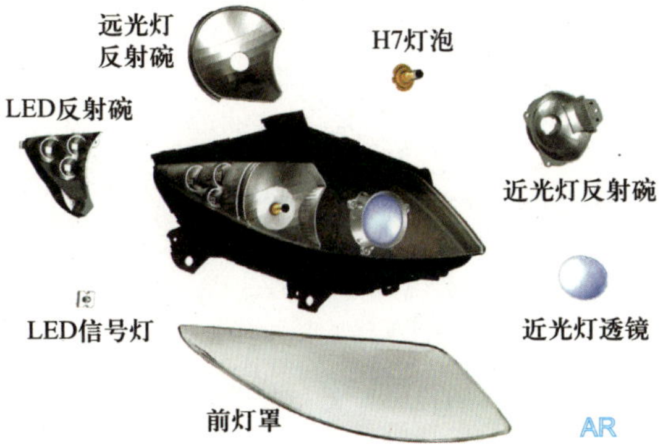

图 6–37

准备工具：大直尺，直角三角板，一根无弹性的细绳，一支笔，素描纸一张.

步骤及要求：

(1) 将直尺竖直放在素描纸上，固定不动；

(2) 截取细绳的长度使之等于三角板的直角边 AB，并将线绳一端固定在三角板上的顶点 A 处 (注意不是固定在素描纸上)；

(3) 将细绳的另一端固定在 F 点处；

(4) 将三角板另一直角边贴紧直尺，沿着直尺上下滑动，滑动的过程中让笔尖始终贴着三角板的边缘，拉紧绳子，笔尖的运动轨迹就是一个抛物线，如图 6–38 所示.

在作图的过程中，笔尖到直尺的距离始终等于它到定点 F 的距离.

动画 6–1
抛物线的画法

新知讲授

平面内与一个定点 F 和一条定直线 l 的距离相等的点的轨迹叫做**抛物线**. 定点 F 叫做抛物线的**焦点**，定直线 l 叫做抛物线的**准线**.

取经过焦点 F，且垂直于准线 l 的直线为 x 轴，x 轴与直线 l 相交于点 K，取线段 KF 的垂直平分线为 y 轴，建立平面直角坐标系 xOy，如图 6–39 所示.

设 $|KF| = p$，则焦点 F 的坐标为 $\left(\frac{p}{2}, 0\right)$，准线 l 的方程为 $x = -\frac{p}{2}$.

设点 $M(x, y)$ 为抛物线上任一点，那么它到直线 l 的距离为 $\left|x + \frac{p}{2}\right|$.

想一想

类比椭圆、双曲线的标准方程的推导，你认为应怎样建立平面直角坐标系，推导抛物线的标准方程？

视频 6–14
抛物线的定义

视频 6–15
抛物线的标准方程

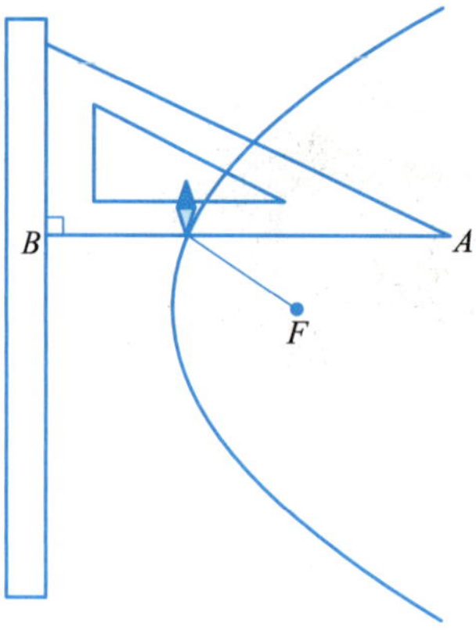

图 6–38

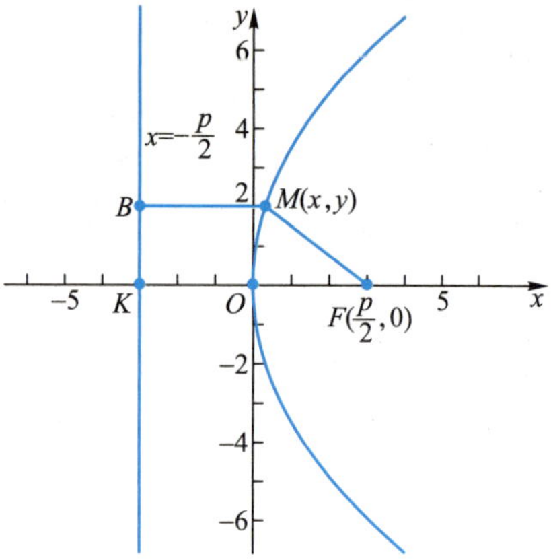

图 6–39

根据抛物线定义可知，点 M 在抛物线上的充要条件是

$$|MF| = \left|x + \frac{p}{2}\right|,$$

所以

$$\sqrt{\left(x - \frac{p}{2}\right)^2 + y^2} = \left|x + \frac{p}{2}\right|,$$

将上式两边平方，化简得

$$\boxed{y^2 = 2px(p > 0).} \qquad (1)$$

方程 (1) 叫做**抛物线的标准方程**. 它表示的抛物线的焦点在 x 轴的正半轴上. 焦点的坐标是 $\left(\frac{p}{2},0\right)$, 准线方程是 $x = -\frac{p}{2}$. 其中, p 的几何意义是焦点到准线的距离.

> **试一试**
>
> 你能说明为什么二次函数 $y = ax^2$ $(a \neq 0)$ 的图像是抛物线吗？能说出它的焦点坐标、准线方程吗？

常见的抛物线的标准方程还有其他几种形式：

$$y^2 = -2px, \quad x^2 = 2py, \quad x^2 = -2py.$$

它们的焦点、准线方程及图形如表 6–1 所示.

典型例题

例 1 (1) 已知抛物线的标准方程是 $y^2 = 6x$, 求它的焦点坐标和准线方程;

(2) 已知抛物线的焦点坐标是 $F(0, -2)$, 求它的标准方程.

解 (1) 因为 $p = 3$, 所以焦点坐标是 $\left(\frac{3}{2},0\right)$, 准线方程是 $x = -\frac{3}{2}$;

(2) 因为焦点在 y 轴的负半轴上, 并且 $\frac{p}{2} = 2$, $p = 4$, 所以它的

标准方程是

$$x^2=-8y.$$

表 6–1

抛物线的标准方程	焦点	准线方程	图形
$y^2=2px(p>0)$	$F\left(\frac{p}{2},0\right)$	$x=-\frac{p}{2}$	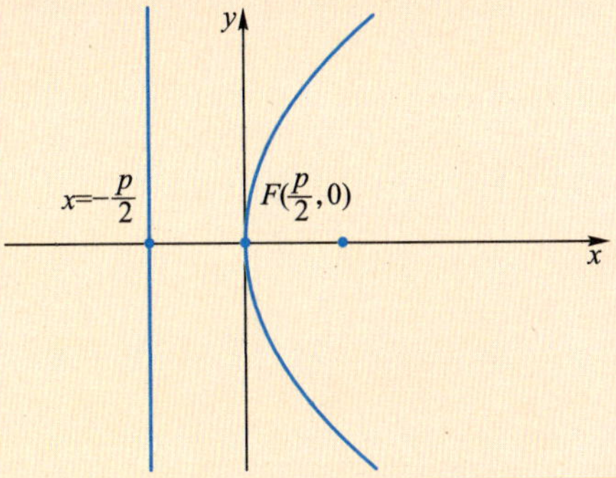
$y^2=-2px(p>0)$	$F\left(-\frac{p}{2},0\right)$	$x=\frac{p}{2}$	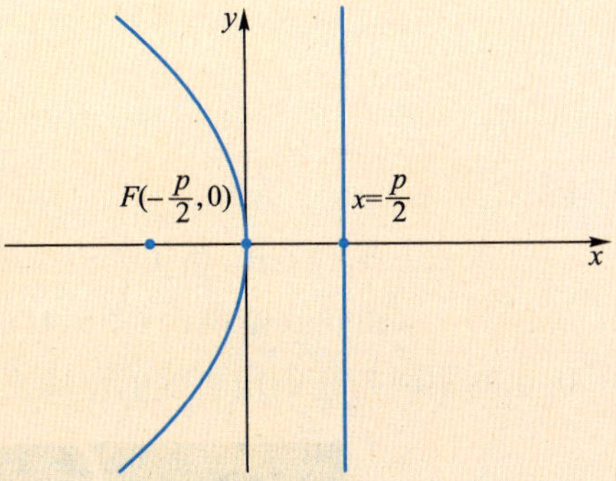
$x^2=2py(p>0)$	$F\left(0,\frac{p}{2}\right)$	$y=-\frac{p}{2}$	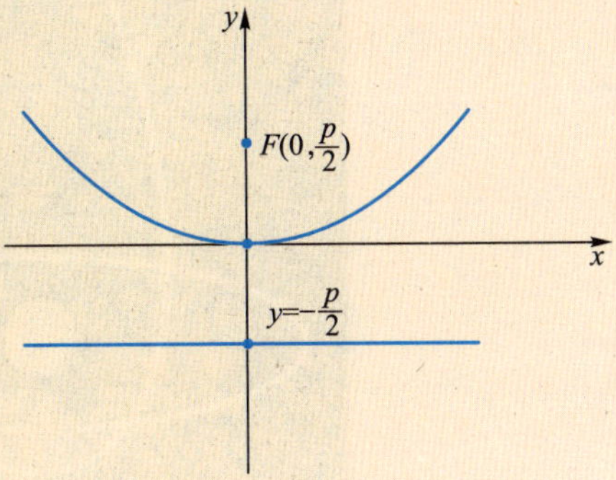
$x^2=-2py(p>0)$	$F\left(0,-\frac{p}{2}\right)$	$y=\frac{p}{2}$	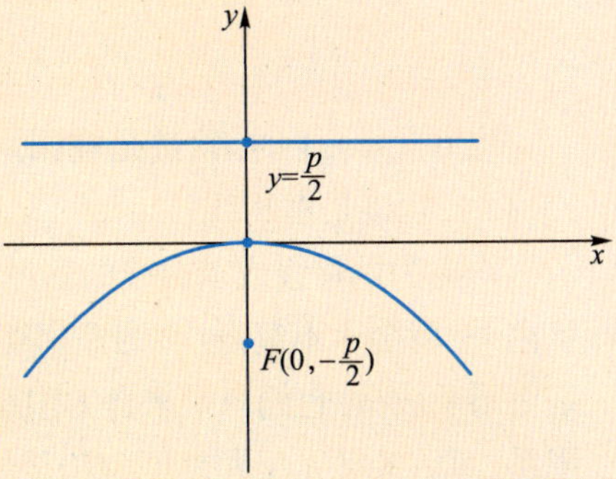

例 2 汽车前照灯反射镜的轴截面是抛物线的一部分 (图 6–40), 光源位于抛物线的焦点处. 已知灯口圆的直径为 8 cm, 反射镜深 5 cm, 求抛物线的标准方程和焦点坐标.

解 设抛物线的标准方程为 $y^2 = 2px$, 由题意知点 (5, 4) 是抛物线上一点, 代入抛物线标准方程 $4^2 = 2p \times 5$,

解得 $p = 1.6$.

所以抛物线方程为 $y^2 = 3.2x$, 焦点坐标为 (0.8, 0).

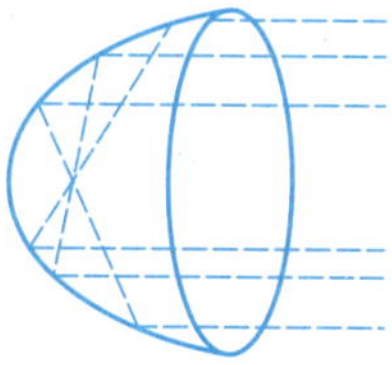
(1)

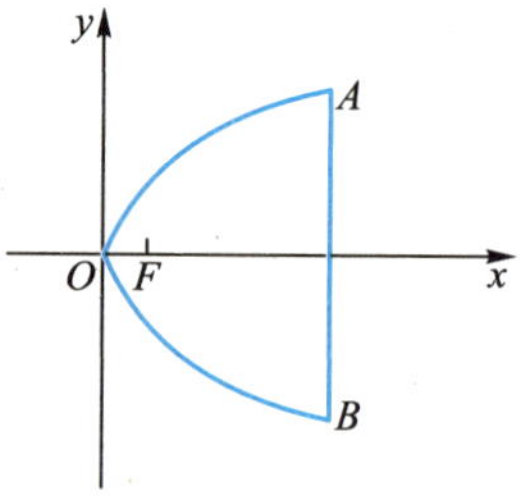

(2)

图 6–40

融会贯通

人造卫星、行星、彗星等由于运动速度不同, 它们的轨道可能是椭圆、双曲线或抛物线 (图6–41), 这几种曲线还可如下定义: 到定点的距离与它到定直线的距离之比是常数 e 的点的轨迹.

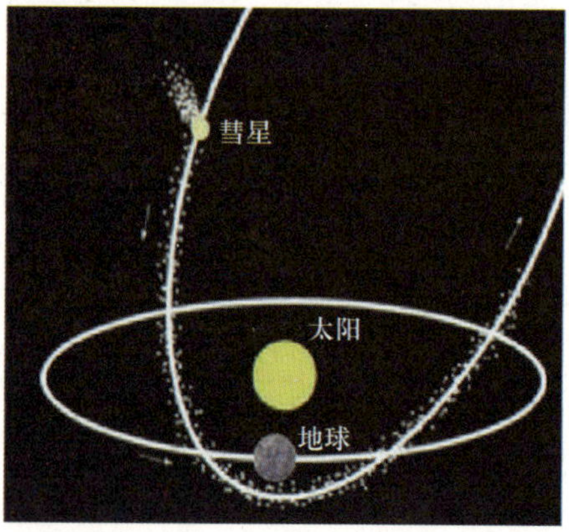

图 6–41

当 $0 < e < 1$ 时, 轨迹是椭圆; 当 $e > 1$ 时, 轨迹是双曲线; 当 $e = 1$ 时, 轨迹是抛物线.

轨道为抛物线或双曲线的彗星, 终生只能接近太阳一次, 而一旦离去, 就会永不复返, 称为非周期彗星, 这类彗星或许原本就不是太阳系成员, 它们只是来自太阳系之外的过客, 无意中闯进了太阳系, 而后又义无反顾地回到茫茫的宇宙深处.

践行新知

1. 口答下列各题:

(1) 抛物线 $y^2=4x$ 的焦点到准线的距离是 ________, 焦点坐标是 ________, 准线方程是 ________;

(2) 抛物线的焦点在 x 轴的负半轴上, 焦点到准线的距离是 2, 则它的标准方程是 ________.

2. 根据下列所给的条件, 写出抛物线的标准方程:

(1) 焦点是 $F(3,0)$;　　(2) 准线方程是 $x=-\dfrac{1}{4}$;

(3) 焦点为 $F(-2,0)$;　　(4) 准线方程是 $y=2$.

3. 求下列抛物线的焦点坐标和准线方程:

(1) $y^2=20x$;　　(2) $x^2=\dfrac{1}{2}y$;

(3) $2y^2+5x=0$;　　(4) $x^2+8y=0$.

【阅读资料】

圆锥曲线的起源与发展

平面解析几何中的圆、椭圆、双曲线及抛物线又称做圆锥曲线, 它们的背景、地位及其研究价值如何呢?

历史上第一个考察圆锥曲线的是希腊著名学者梅内克缪斯; 当时为解决著名的难题“倍立方问题”(即用直尺和圆规把立方体体积扩大一倍), 他把直角三角形 ABC 的直角 A 的平分线 AO 作为轴, 旋转三角形 ABC 一周, 得到圆锥曲面 $ABECE'$, 如图 6–42 所示. 用垂直于 AC 的平面去截此曲面, 可得到曲线 EDE', 梅内克缪斯称之为“直角圆锥曲线”. 他想以此在理论上解决“倍立方问题”未获成功. 而后, 便抛开“倍立方问题”, 把圆锥曲线作为专有概念进行研究: 若以直角三角形 ABC 长直角边 AC 为轴旋转一周, 得到曲面 $CB'EBE'$, 如图 6–43 所示. 用垂直于 BC 的平面去截此曲面, 其切口为一曲线, 称之为“锐角圆锥曲线”; 若以直角三角形 ABC 中的短直角边 AB 为轴旋转三角形 ABC 一周, 可得到曲面 $BC'ECE'$, 如图 6–44 所示. 用垂直于 BC 的平面去截此曲面, 其切口曲线 EDE' 称为“钝角圆锥曲线”. 当时, 希腊人对平面曲线还缺乏认识, 上述三种曲线须以“圆锥曲面”为媒介得到, 因此, 被称为圆锥

动画 6–2
圆锥曲线三维动画

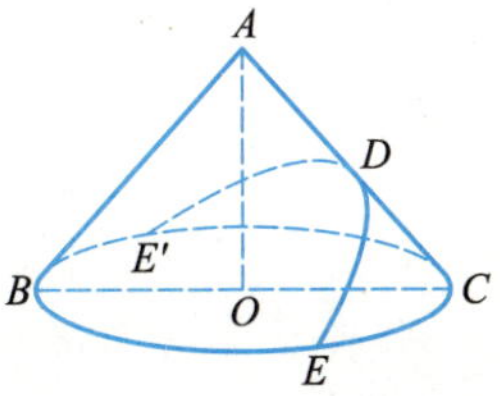

图 6–42

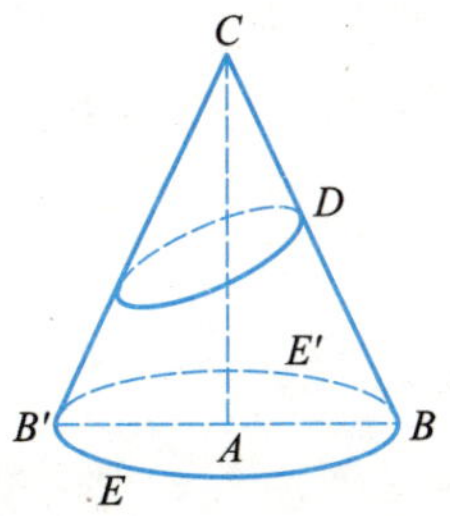

图 6–43

曲线的“雏形”.

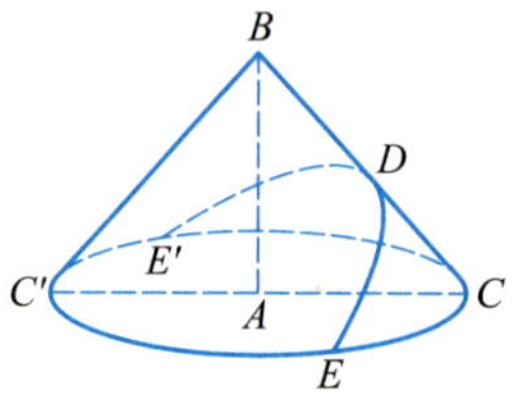

图 6–44

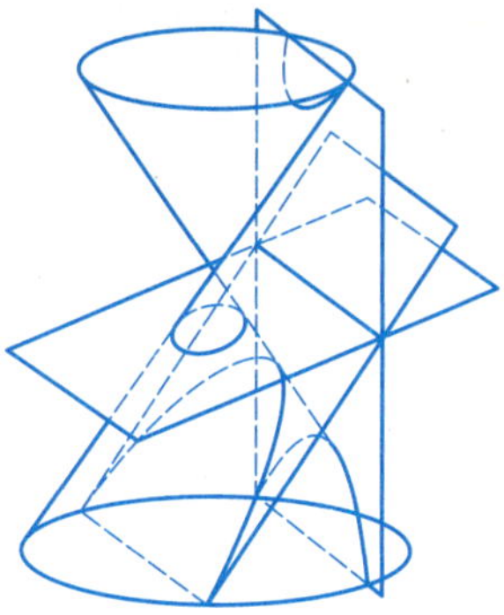

图 6–45

大约 100 年后，希腊数学家阿波罗尼奥斯更详尽、系统地研究了圆锥曲线. 如图 6–45 所示，考察不同倾斜角的平面截圆锥，其切口所得到的曲线，也就是说如果切口与底面所夹的角小于母线与底面所夹的角，则切口呈现椭圆；若两角相等，则切口呈现抛物线；若前者大于后者，则切口呈现双曲线. 并且，阿波罗尼奥斯还进一步研究了这些圆锥曲线的光学性质，比如椭圆，他发现如果把椭圆焦点 F_1 一侧做成镜面，并在 F_1 处放置光源，那么经过椭圆镜反射的光线全部通过另一个焦点 F_2. 热也和光一样发生反射，所以这时 F_2 点放置的物体便会被烤焦，这也就是“焦点”名称的由来. 据说这一发现是他在研究椭圆的作法 (本专题第 4 讲介绍的作法) 时得出的.

而圆锥曲线真正从后台走上前台，从学术的象牙塔中进入现实生活的世界里，应归功于德国天文学家开普勒，开普勒在长期的天文观察及对记录的数据分析中，发现了著名的“开普勒行星运动三定律”，其中第一定律 (椭圆定律) 是：“行星在包含太阳的平面内运动，划出以太阳为焦点的椭圆”，就这样，梅内克缪斯和阿波罗尼奥斯出于数学爱好而研究的圆锥曲线在近 2000 年之后于天文学的舞台上登场了. 后来英国天文学家、数学家哈雷，又利用圆锥曲线理论及计算方法准确地预测到哈雷彗星与地球最近点的时刻. 1758 年，在哈雷逝世 16 年之后，哈雷彗星与地球如期而遇，这引起了全欧洲乃至全世界的轰动，也进一步推动人们对圆锥曲线研究兴趣的提升.

这段史料生动地表明，圆锥曲线源于现实、融入生活、贴近客观实际，它就在我们身边，这对我们教学理念的确立和教学方法着眼点、立足点的定位大有裨益. 事实上，数学 (尤其是中学数学) 是很现实的.

专题七　汽车中的计数原理

计数是人类最基本、最原始和最古老的数学实践活动，计数问题也是数学中的重要研究对象之一．分类、分步计数原理是人们在大量实践经验的基础上归纳出来的基本规律，它们是解决计数问题的最基本、最重要的方法，也为解决很多实际问题提供了思路．

本专题将会结合汽修专业学习中遇到的一些计数问题实例，学习分类、分步计数原理等相关知识，为今后解决某些专业问题打好基础．

专业链接

在汽修中，计算诸如“造成发动机不能正常启动的故障点的个数、SUV 汽车的底盘传动系统的档位个数”等问题就经常用到计数原理；汽车电路中并联电路和串联电路的通电线路的计算方法也是计数原理应用的典型例子.

数学相关

观察思考

视频 7–1
分类计数原理

由济南去北京可以乘火车，也可乘汽车，还可以乘飞机. 如果一天之内火车有 4 个班次，汽车有 17 个班次，飞机有 6 个班次，那么，每天由济南去北京有多少种不同的方法?

解决这个问题需要分类进行研究. 由济南去北京共有三类方案：第一类是乘火车，有 4 种方法；第二类是乘汽车，有 17 种方法；第三类是乘飞机，有 6 种方法. 并且，每一种方法都能够完成这件事 (从济南到北京). 所以每天从济南到北京的方法共有

$$4+17+6=27\ (\text{种}).$$

从李明、陈丽、王贵 3 个候选人中，选出 2 个人分别担任班长和团支部书记，会有多少种选举结果呢?

解决这个问题需要分步骤进行研究. 第一步选出班长，第二步选出团支部书记. 每一步并不能完成选举工作，只有各步骤都完成，才能完成选举这件事.

如图 7–1 所示，第一步从 3 个人中选出 1 个人担任班长，共有 3 种结果；对第一步的每种结果，第二步都有 2 种结果. 因此共有 $3\times2=6$ 种结果.

视频 7–2
分步计数原理

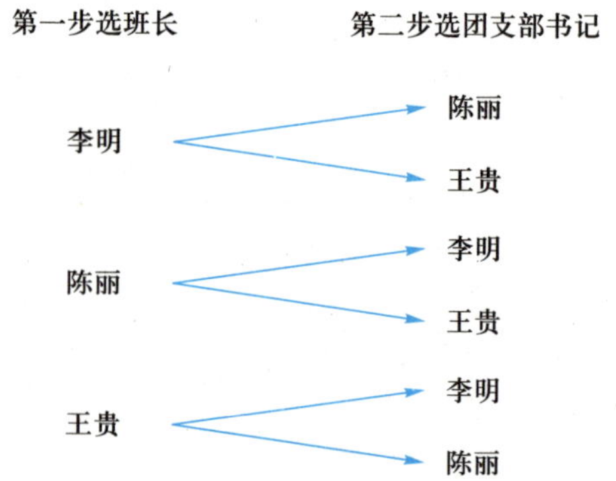

图 7–1

新知讲授

1. 分类计数原理

一般地，完成一件事，有 n 类方式. 第 1 类方式有 k_1 种方法，第 2 类方式有 k_2 种方法，…… 第 n 类方式有 k_n 种方法，那么完成这件事的方法共有

$$N = k_1 + k_2 + \cdots + k_n \text{ (种)}.$$

上面的计数原理叫做**分类计数原理**.

2. 分步计数原理

一般地，如果完成一件事，需要分成 n 个步骤，完成第 1 个步骤有 k_1 种方法，完成第 2 个步骤有 k_2 种方法，…… 完成第 n 个步骤有 k_n 种方法，并且只有这 n 个步骤都完成后，这件事才能完成. 那么完成这件事的方法共有

$$N = k_1 \cdot k_2 \cdot \cdots \cdot k_n \text{ (种)}.$$

上面的计数原理叫做**分步计数原理**.

典型例题

例 1 一个口袋中有 5 个不同的红球，4 个不同的黑球，7 个不同的白球，从中任取一个球，共有多少种不同的方法？

解 任取一球可以分为三类办法.

第一类：从 5 个红球中任取一个，有 5 种方法；

第二类：从 4 个黑球中任取一个，有 4 种方法；

第三类：从 7 个白球中任取一个，有 7 种方法.

由分类计数原理知，不同的取法共有

$$5 + 4 + 7 = 16 \text{ (种)}.$$

例 2 汽车发动机不能正常启动，一般是由启动系统、燃油系统、点火系统、控制系统或机械故障造成的，其中常见的故障点：启动系统有 3 个；燃油系统有 4 个；点火系统有 3 个；控制系统有 3 个；机械系统有 5 个.

假设某次故障是由一个故障点造成的，那么要排除这个故障最多检查多少故障点？

解 根据题意，要排除这个故障需要检查的故障点：

第一类，启动系统有 3 个；

第二类，燃油系统有 4 个；

第三类，点火系统有 3 个；

第四类, 控制系统有 3 个;

第五类, 机械系统有 5 个.

所以, 要排除这个故障最多检查的故障点共有

$$3+4+3+3+5=18\,(个).$$

例 3 图 7–2 是某汽车公司生产的 SUV 汽车的底盘传动系统, 其中该车的变速器有 5 个前进挡, 分动器有高速、低速两个挡位, 那么该汽车有多少个前进挡?

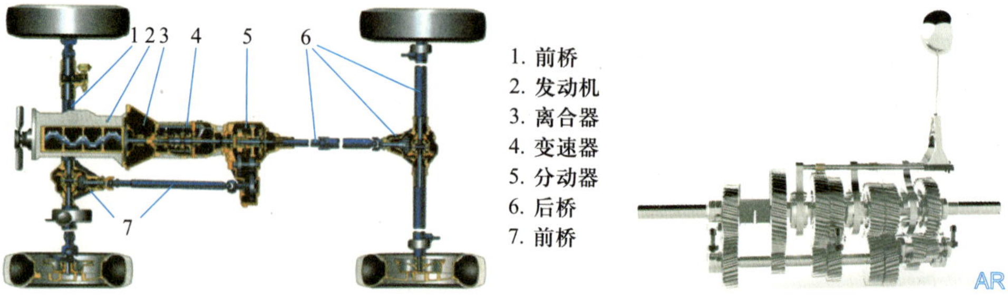

(1) (2)

图 7–2

解 解决这个问题需要分步骤进行研究. 当分动器在高速时, 只后轮驱动, 此时变速器有 5 个前进挡. 当分动器在低挡时, 四轮驱动, 此时变速器还是有 5 个前进挡. 也就是说第一步先选择高、低速挡, 第二步选择 1 ~ 5 挡. 每一步并不能完成挂挡这件事情, 只有各步骤都完成, 才能完成挂挡这件事.

如图 7–2 所示, 第一步从高速、低速两个挡位中选出 1 个挡位, 共有 2 种结果; 对第一步的每种结果, 第二步都有 5 种结果. 因此共有 $2\times5=10$ 个前进挡.

例 4 某汽车在自动变速器换挡有两个换挡电磁阀 A、B, 它们配合工作能实现几个挡位.

解 该自动变速器中, A、B 阀都有通电和断电两种状态. 其中当 A 阀断电时, B 阀有通电和断电两种状态. 当 A 阀通电时, B 阀还是有通电和断电两种状态.

所以这件事可以分成两个步骤完成:

第一步, 从 A 阀通电或者断电两种状态中选择一种, 有 2 种选法;

第二步, 从 B 阀通电或者断电两种状态中选择一种, 也有 2 种选法;

由分步计数原理有 $2\times2=4$ (种). 即共有 4 个挡位.

例 5 随着人们生活水平的提高，某城市家庭汽车拥有量迅速增长，交通管理部门出台了一种汽车牌照组成办法，每一个汽车牌照都必须有 3 个不重复的英文字母和 3 个不重复的阿拉伯数字，并且 3 个字母必须合成一组出现，3 个数字也必须合成一组出现。那么这种办法共能给多少辆汽车上牌照？

解 将汽车牌照分为 2 类，一类的字母组合在左，另一类的字母组合在右。字母组合在左时，分六个步骤确定一个牌照的字母和数字：

第一步，从 26 个英文字母中选 1 个，放在首位，有 26 种选法；

第二步，从剩下的 25 个字母中选 1 个，放在第 2 位，有 25 种选法；

第三步，从剩下的 24 个字母中选 1 个，放在第 3 位，有 24 种选法；

第四步，从 0 ~ 9 这 10 个数字中选 1 个，放在第 4 位，有 10 种选法；

第五步，从剩下的 9 个数字中选 1 个，放在第 5 位，有 9 种选法；

第六步，从剩下的 8 个字母中选 1 个，放在第 6 位，有 8 种选法。

根据分步计数原理，字母组合在左的牌照共有 $26 \times 25 \times 24 \times 10 \times 9 \times 8 = 11\ 232\ 000$（个）。同理，字母组合在右的牌照也有 11 232 000 个。

所以，共能给 $11\ 232\ 000 + 11\ 232\ 000 = 22\ 464\ 000$ 辆汽车上牌照。

试一试

你能说出分类计数原理和分步计数原理的区别吗？

视频 7–3
两个计数原理的区分

融会贯通

用两个计数原理解决计数问题时，最重要的是在开始计算之前要进行仔细分析，需要分类还是需要分步。它们的共同点：都是研究“完成一件事共有多少种不同的方法”。它们的区别：分类计数原理针对的是“分类”问题，完成一件事要分为若干类，各类方法相互独立，各类中的各种方法也相对独立，用任何一类中的任何一种方法都可以单独完成这件事，是独立完成；而分步计数原理针对的是“分步”问题，完成一件事要分为若干步，各个步骤相互依存，完成任何其中的一步都不能完成该件事，只有当各个步骤都完成后，才算完成这件事，是合作完成。

践行新知

1. 某学校一年级新生有两个班，一班有 10 个人会打乒乓球，二班有 12 个人会打乒乓球，从这两个班中选出 1 人参加学校乒乓球表演赛，共有多少种选法？

2. 从甲组的 40 件产品与乙组的 20 件产品中，抽出 1 件进行质量检测，共有多少种抽取方法？

3. 两个袋子中分别装有 3 个红色球和 3 个白色球. 从中取出一个红色球和一个白色球，共有多少种方法？

4. 用数字 1、2、3、4 可以组成多少个 3 位数？

5. 用数字 1、2、3、4 可以组成多少个无重复数字的 3 位数？

6. 从学校乘公共汽车去市图书馆，必须在市政府站转车. 从学校到市政府站共有 4 种公共汽车可乘坐，从市政府站到图书馆有 6 种公共汽车可以乘坐. 从学校到图书馆有多少种乘车方案？

7. 如图，要给地图 A、B、C、D 四个区域分别涂上 3 种不同颜色中的某一种，允许同一种颜色使用多次，但相邻区域必须涂不同的颜色，不同的涂色方案有多少种？

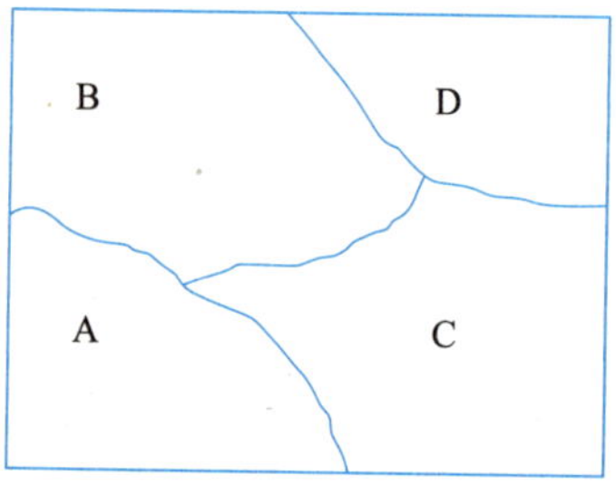

第 7 题图

8. 我国的邮政编码由六位数字 (每位数字都可以由 0 ~ 9 这十个数字中任意选取) 组成，最后两位数字是一个邮政局的投递区编号，代表一个镇或者一个居住的小区. 那么，一个邮政局最多有多少个投递区编号呢？

9. 手机密码通常由六位数字组成 (每位数字都可以由 0 ~ 9 这十个数字中任意选取)，问可以设置多少个不同的密码？

10. 某职业学校汽修专业学生小王在 4S 店实习时，在一座小山上试驾检测越野车的上山下坡性能，这座山，从东侧通往山顶的道路有 3 条，从西侧通往山顶的道路有 2 条，无其他道路可开车通向山顶，任意选择上山与下山的道路，共有多少种不同的走法？

【阅读资料】

计数方法之枚举法

在数学问题中，有一些需要计算总数或种类的趣题，因其数量关系比较隐蔽，无法应用两个计数原理列出算式，很难找到“正统”的方式解答，让人感到无从下手．对此，可以先初步估计其数目的大小．若数目不是太大，就按照一定的顺序，一一列举问题的可能情况；若数目过大，并且问题繁杂，就抓住对象的特征，选择恰当的标准，把问题分为不重复、不遗漏的有限种情形，通过一一列举或计数，最终达到解决目的，这就是枚举法，也叫做列举法或穷举法．

例 1 小明和小红玩掷骰子的游戏，共有两枚骰子，一起掷出．若两枚骰子的点数和为 7，则小明胜；若点数和为 8，则小红胜．试判断他们两人谁获胜的可能性大．

解 将两枚骰子的点数和分别为 7 与 8 的各种情况都列举出来，就可得到问题的结论．

出现 7 的情况共有 6 种，它们是：

$$1+6, 2+5, 3+4, 4+3, 5+2, 6+1.$$

出现 8 的情况共有 5 种，它们是：

$$2+6, 3+5, 4+4, 5+3, 6+2.$$

所以，小明获胜的可能性大．

例 2 数一数，图 7–3 中有多少个三角形．

解 图中的三角形形状、大小都不相同，位置也很凌乱，不好数清楚．为了避免数数过程中的遗漏或重复，将图形的各部分编上号（图 7–4），然后按照图形的组成规律，把三角形分成单个的、由两部分组成的、由 3 部分组成的…… 再一类一类地列举出来．

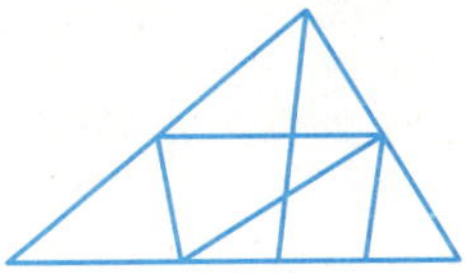

图 7–3

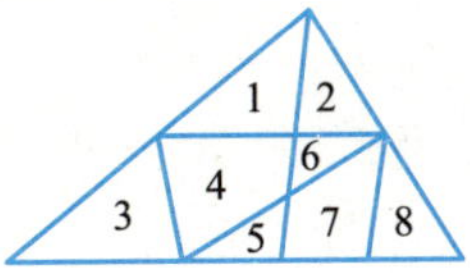

图 7–4

单个的三角形有 6 个：1, 2, 3, 5, 6, 8.

由两部分组成的三角形有 4 个：(1, 2), (2, 6), (4, 6), (5, 7).

由三部分组成的三角形有 1 个：(5, 7, 8).

由四部分组成的三角形有 2 个：(1, 3, 4, 5), (2, 6, 7, 8).

由八部分组成的三角形有 1 个：(1, 2, 3, 4, 5, 6, 7, 8).

总共有 $6+4+1+2+1=14$（个）.

由例 1、例 2 可以看出，当可能的结果较少时，可以直接枚举，即将所有结果一一列举出来；当可能的结果较多时，就需要分类枚举. 分类一定要包括所有可能的结果，这样才能不遗漏，并且类与类之间不重叠，这样才能不重复.

例 3 小明的暑假作业有语文、算术、外语三门，他准备每天做一门，且相邻两天不做同一门. 如果小明第一天做语文，第五天也做语文，那么这五天作业他共有多少种不同的安排？

解 本题是分步进行一项工作，每步有若干种选择，求不同安排的种数（有一步差异即为不同的安排）. 这类问题简单一些的可用乘法原理与加法原理来计算，而本题中由于限定条件较多，很难列出算式计算. 但是，可以根据实际的安排，对每一步可能的选择画出一个树枝状的图，非常直观地得到结果. 这样的图不妨称为“枚举树”.

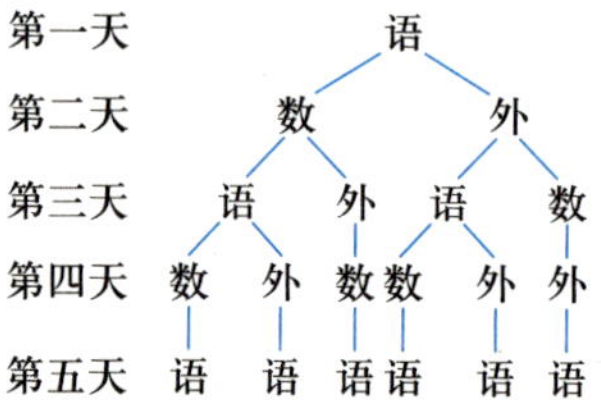

图 7–5

由图 7–5 可知，共有 6 种不同的安排.

例 4 是否存在自然数 n，使得 n^2+n+2 能被 3 整除？

解 枚举法通常是对有限种情况进行枚举，但是本题讨论的对象是所有自然数，自然数有无限多个，那么能否用枚举法呢？将自然数按照除以 3 的余数分类，有整除、余 1 和余 2 三类，这样只要按类一一枚举就可以了.

当 n 能被 3 整除时，因为 n^2，n 都能被 3 整除，所以 $(n^2+n+2)\div 3$ 余 2；

当 n 除以 3 余 1 时，因为 n^2，n 除以 3 都余 1，所以 $(n^2+n+2)\div 3$ 余 1；

当 n 除以 3 余 2 时，因为 $n^2\div 3$ 余 1，$n\div 3$ 余 2，所以 $(n^2+n+2)\div 3$ 余 2.

因为所有的自然数都在这三类之中，所以对所有的自然数 n，(n^2+n+2) 都不能被 3 整除.

用枚举法解题的最大缺点是运算量比较大，解题效率不高，如果枚举范围太大，在时间上就难以承受，但枚举算法的思路简单，因此，当题目的规模不是很大，在规定的时间与空间限制内能够求出解时，可以采用枚举法. 选择分类标准是枚举法的难点，好的分类标准可以简化枚举，并不重不漏.

专题八 汽车中的抽样方法

随机抽样是建立在随机原则基础上，从总体中抽取部分样本进行收集数据的方法，是统计学的基础，常用的抽样方法有简单随机抽样、系统抽样和分层抽样．在总体中抽取样本，这样就得到一组数据，可以用样本的频率分布估计总体的频率分布，用样本的数字特征估计总体的数字特征．

本专题我们将在汽车销售、汽车零件检查以及车速测试等专业问题中利用随机抽样的方法从总体中抽取部分样本，从而利用样本的频率分布估计总体的频率分布，用样本的数字特征估计总体的数字特征．

第 1 讲　总体、样本与抽样方法

专业链接

在汽车销售、汽车零件检查以及车速测试等问题中经常需要抽取一定的样本数据，通过样本数据来估计总体数据，从而来判断汽车性能的好坏.

数学相关

观察思考

某汽车制造厂 2017 年生产并售出了 1 000 辆某品牌的高档家用轿车，该厂质量检验部为了解这部分轿车的质量性能，从售出的轿车中抽取了 100 辆进行了跟踪检查，以此来估计 2017 年生产的该品牌轿车的质量性能.

新知讲授

在统计学中，所研究对象的全体叫做**总体**，组成总体的每个对象叫做**个体**，总体中所含个体的数目叫做**总体容量**.

上面的试验中，该厂 2017 年生产并售出的 1 000 辆某品牌家用轿车的质量性能是总体，其中每一辆家用轿车的质量性能是个体.

要了解总体的情况，最好是能对总体中的每个个体逐个进行试验. 但是，这样做实际上往往是不可能或不允许的. 一方面是总体的容量太大，无法逐个试验. 例如，在上面的试验中，不会 (也不可能) 把这个汽车制造厂生产的所有轿车一一检查；另一方面，有些试验具有破坏性，不允许逐个进行测定. 例如，要检查某超市销售的牛奶含菌量是否合格，不可能将该超市的所有牛奶的包装袋都打开逐一检查.

经常采用的办法是，随机地从总体中抽取一部分个体，对这些个体做试验，然后根据试验结果来推测总体的性质. 如前面的试验中，该厂质量检验部从售出的轿车中抽取了 100 辆进行了跟踪检查，以此来估计该品牌轿车的质量性能.

被抽取出来的个体叫做**总体的样本**，样本所含个体的数目叫做**样本容量**.

上述试验中抽取的样本是售出轿车中抽取的 100 辆轿车的质量性能，样本容量为 100.

如何抽取样本，直接关系到对总体估计的准确程度，因此抽样时要保证每一个个体被抽到的机会是均等的，满足这个条件的抽样叫做随机抽样. 下面介绍三种经常采用的随机抽样的方法.

1. 简单随机抽样

从一批苹果中选取 10 个, 每个苹果被选中的可能性一般是不相等的, 放在上面的苹果更容易被选中. 实际过程又不允许将整箱苹果倒出来, 搅拌均匀. 因此, 10 个苹果做样本的代表意义就会打折扣.

采用抽签的方法, 将苹果按照某种顺序 (比如箱、层、行、列顺序) 编号, 写在小纸片上. 将小纸片揉成小团, 放到一个不透明的袋子中, 充分搅拌后, 再从中不放回地逐个抽出 10 个小纸团. 最后根据编号找到苹果.

这种抽样方法叫做简单随机抽样.

简单随机抽样必须保证总体的每个个体被抽到的机会是相同的. 也就是说, 简单随机抽样是等概率抽样.

抽签法 (俗称抓阄法) 是最常用的简单随机抽样方法. 其主要步骤为

(1) 编号做签: 将总体中的 N 个个体编上号, 并把号码写到签上;

(2) 抽签得样本: 将做好的签放到容器中, 搅拌均匀后, 从中不放回地逐个抽出 n 个签, 得到一个容量为 n 的样本.

当总体中所含的个体较少时, 通常采用抽签法.

视频 8–1
抽签法演示

2. 系统抽样

学校准备在全校 1 000 名学生中, 选出 100 名学生进行视力检查, 如何抽样选取呢?

使用抓阄法, 容易产生抽出的学生集中在一些班级, 而有一些班级没有抽到学生的现象.

可以先将 1 000 名学生编号分段, 分成 100 段, 每段 10 人, 然后规定抽取每段的第 2 个顺序号的学生 (也可以作其他规定), 即第 2 号, 12 号, 22, $\cdots$, 992 号, 组成样本. 这样的样本具有较好的代表性.

视频 8–2
系统抽样

当总体所含的个体较多时, 可将总体分成均衡的几个部分, 然后按照预先定出的规则, 从每一部分中抽取一定数目的个体. 这种抽样叫做系统抽样 (或机械抽样).

从容量为 N 的总体中, 用系统抽样抽取容量为 n 的样本, 按照下面的步骤进行:

(1) 编号: 将总体的 N 个个体编号;

(2) 确定间隔: 可以考虑用 $\frac{N}{n}$ (取整数) 作间隔分段, 将总体分

想一想

与简单随机抽样相比, 系统抽样有哪些优点与缺点?

成 n 段;

(3) 抽样: 按照一定的规则抽取样本. 如抽每段的第 k 个顺序号的个体 (k 为小于 $\frac{N}{n}$ 的整数), 得到容量为 n 的样本. 样本中第 m 段 k 个顺序号的号码为 $m+k$.

视频 8–3
分层抽样

3. 分层抽样

某汽车公司 2017 年生产并售出了高、中、低三种品牌的轿车共 9 万辆, 其中高级轿车售出 2 万辆, 中级轿车售出 3 万辆, 低级轿车售出 4 万辆, 公司计划从售出的轿车中抽取 900 辆进行质量跟踪检查, 应该怎样抽取样本?

由于该公司生产的高、中、低三种品牌的轿车质量性能存在着显著的差异, 所以, 使用前面的几种方法抽样, 样本的代表性不强, 要考虑到不同档次的轿车在样本中的比例.

当总体是由有明显差异的几个部分组成时, 可将总体按差异情况分成互不重叠的几个部分 —— 层, 然后按各层个体总数所占的比例来进行抽样, 这种抽样叫做**分层抽样**.

对分层抽样的每一层进行抽样时, 可采用简单随机抽样或系统抽样.

典型例题

例 1 某 4S 店最近购进一批某著名品牌车使用的空气滤芯, 车间技术总监决定在 30 个空气滤芯中抽取 6 个进行质量检测, 试写出用抽签法抽取一个样本的过程.

解 为保证每个空气滤芯都有被抽取到的可能, 先给这 30 个滤芯进行编号, 再把 1 ~ 30 这 30 个号码写在 30 张相同的纸条上, 放在一个容器内, 搅拌均匀, 然后从中任意不放回地取出 6 张纸条, 这些纸条上的号码所对应的 6 个滤芯就组成了一个样本.

例 2 某汽车制造厂 2017 年生产并售出了 1 000 辆某品牌的高档家用轿车, 该厂质量检验部为了解这部分轿车的质量性能, 预计从售出的轿车中抽取 100 辆进行跟踪检查, 试写出抽样步骤.

解 将这 1 000 辆轿车编号, 由于 $1\,000 \div 100 = 10$, 所以取每段间隔为 10, 将编号分成 100 段, 再从 1 ~ 10 这 10 个数字中, 用简单随机抽样任意抽取一个数字, 如 "6", 则可抽取每段中第 6 个顺序号的轿车, 得到容量为 100 的样本, 抽得的汽车号码依次为 6, 16, 26, $\cdots$, 996.

例 3 在分层抽样轿车质量跟踪检查实验中, 若采用分层抽样的方法, 试求出高、中、低三种品牌的轿车各应抽取多少辆?

解　高级轿车在总体中所占的比例为 $\frac{2}{2+3+4}=\frac{2}{9}$，则应在高级轿车中抽取 $900\times\frac{2}{9}=200$ (辆)；

同理可以求得，在中级轿车中应抽取 $900\times\frac{3}{9}=300$ (辆)；在低级轿车中应抽取 $900\times\frac{4}{9}=400$ (辆).

所以应当在高、中、低三种品牌的轿车中分别抽取 200、300、400 辆组成一个容量为 900 辆轿车的样本.

试一试

你能说出以上三种抽取样本的方法各自的特点吗？

融会贯通

通过本讲的学习发现，总体容量或样本容量较少时，一般使用简单随机抽样，总体容量较多时，选用系统抽样，若总体是由差异明显的几部分组成，这时选用的是分层抽样. 下面用一个表格来比较一下三种抽样方法，如表 8–1 所示.

表 8–1

类别	共同点	各自特点	相互联系	适用范围
简单随机抽样	抽样过程中各个个体被抽到的机会都相等，都是不放回抽取	从总体中逐个抽取	最基本的抽样方法	总体容量较少
系统抽样		将总体分成几部分，按预先定出的规则再部分抽取	每一部分进行抽样时，采用的是简单随机抽样	总体容量较多，但个体差异不大
分层抽样		将总体分成几部分，每一部分按比例抽取	每层抽样，采用简单随机抽样或系统抽样	总体由差异明显的若干部分组成

践行新知

1. 从一个地区随机抽取 20 名老人测量血压，测得血压为 (舒张压)：75, 73, 80, 88, 75, 71, 99, 102, 89, 76, 77, 86, 74, 81, 71, 98, 76, 103, 79, 84. 指出其中的总体、个体、样本、样本容量.

2. 请用抽签法，从某班的 40 人中抽出 8 个人参加学校的教学质量调查会，写出抽取的过程.

3. 利用系统抽样，从 645 个汽车零件中，抽出 13 个汽车零件进行质量抽查，写出抽取的过程.

4. 利用系统抽样，从 500 人中抽出 80 人，进行身体检查，写出抽取的过程.

5. 某职业学校学生有 1 600 人，其中高一学生 520 人，高二学生 500 人，高三学生 580 人. 如果想通过抽查其中的 80 人来调查学生的消费情况，考虑到学生的年级高低消费情况有明显差别，而同一年级内消费情况差异较小，问应当采用何种抽样方法？高三学生中应抽查多少人？

第 2 讲　用样本估计总体 (一)

专业链接

在总体中抽取样本, 这样就得到一组数据, 可以用样本的频率分布估计总体的频率分布. 在汽车销售、零件检查以及车速测试等问题中经常需要抽取一定的样本数据, 通过用样本数据的频率分布来估计总体数据的频率分布, 从而来分析汽车销售或维修情况.

数学相关

在初中学习过频数分布图和频数分布表, 利用它们可以清楚地看到数据分布在各个组内的个数.

观察思考

某地为加强高速公路交通安全管理, 预防和降低道路交通事故发生, 新增了雷达测速设备, 为了解某路段经过的汽车的车速 (km/h) 情况, 交通安全管理部门利用该路段的一个检测点对 40 辆汽车进行检测, 测得的数据如表 8–2 所示.

表 8–2

59	46	79	44	60	66	55	63	74	82
91	75	46	78	66	75	72	68	65	42
60	68	54	81	65	71	68	65	70	63
87	68	55	62	68	72	65	58	64	80

新知讲授

首先列出它的频数分布表.

分析以上样本的数据. 其最大值是 91, 最小值是 42, 它们的差是 91 − 42=49. 取组距为 10, 确定分点, 将数据分为 5 组.

列出频数分布表如表 8–3 所示.

表 8–3

分组	频数累计	频数
41.5 ~ 51.5	𤴓	4
51.5 ~ 61.5	正丅	7
61.5 ~ 71.5	正正正丅	17
71.5 ~ 81.5	正𤴓	9
81.5 ~ 91.5	下	3
合计	40	40

小提示

设定分点数值时需要考虑分点值不要与样本数据重合.

各组内数据的个数叫做该组的**频数**. 每组的频数与全体数据的个数之比叫做该组的**频率**.

计算上面频数分布表中各组的频率, 得到频率分布表 (表 8–4).

表 8–4

分组	频数	频率	频率/组距
41.5 ~ 51.5	4	0.100	0.010 0
51.5 ~ 61.5	7	0.175	0.017 5
61.5 ~ 71.5	17	0.425	0.042 5
71.5 ~ 81.5	9	0.225	0.022 5
81.5 ~ 91.5	3	0.075	0.007 5
合计	40	1	0.1

视频 8–4
绘制频率分布直方图

根据频率分布表, 可以画出频率分布直方图 (图 8–1).

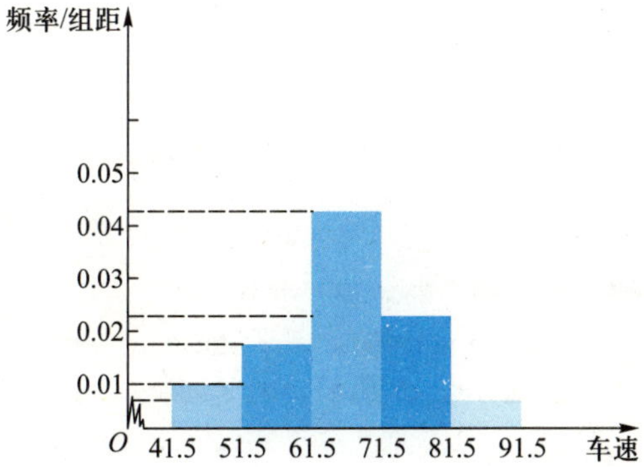

图 8–1

想一想

各小矩形的面积之和应该等于 1, 为什么呢?

频率分布直方图的横轴显示数据分组情况, 以组距为单位; 纵轴显示频率与组距之比. 因此, 某一组距的频率数值上等于对应矩形的面积.

图 8–1 显示, 车速在 61.5 ~ 71.5 km/h 的车辆最多, 其频率等于该矩形的面积, 即 $0.042\,5 \times 10 = 0.425$.

根据样本的数据, 可以推测, 经过该雷达测速点的车辆约有 42.5% 的车速在 61.5 ~ 71.5 km/h.

频率分布直方图可以直观地反映样本数据的分布情况, 由此可以推断和认识整体的分布, 样本选择得恰当, 这种估计是比较可信的.

如上所述, 用样本的频率分布估计总体分布的步骤为:

(1) 选择恰当的抽样方法得到样本数据;

视频 8–5
用 Excel 绘制频率分布直方图

(2) 计算数据最大值和最小值, 确定组距和组数, 确定分点并列出频率分布表;

(3) 绘制频率分布直方图;

(4) 观察频率分布表与频率分布直方图, 根据样本的频率分布, 估计总体的分布.

典型例题

例 1 利用 Excel 软件, 绘制以下数据 (表 8–5) 的频率分布直方图.

表 8–5

59	46	79	44	60	66	55	63	74	82
91	75	46	78	66	75	72	68	65	42
60	68	54	81	65	71	68	65	70	63
87	68	55	62	68	72	65	58	64	80

解 下面以 Excel2010 为例来制作频率分布表和频率分布直方图.

第一步: 打开 Excel, 新建一个空白工作表, 并把 40 个数据输入表格 (图 8–2).

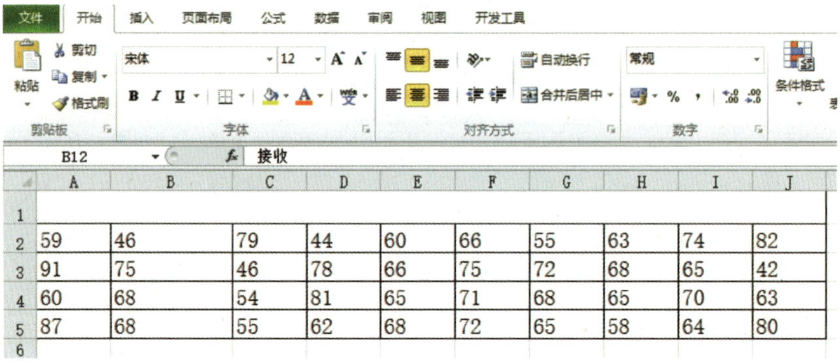

图 8–2

第二步: 在工作表中, 可以利用函数求极差, 确定组距和组数.

在 B7 单元格输入 “=MAX (A2: J5)”, 按回车键, 显示最大值为 91;

在 B8 单元格输入 “=MIN (A2: J5)”, 按回车键, 显示最小值为 42;

在 B9 单元格输入 “=B7—B8”, 按回车键, 显示极差为 49.

可以以 10 为组距, 在 B10 单元格输入 “=B9/10”, 按回车键, 显示组数为 4.9, 向上取整为 5.

第三步: 将数据分成 5 组, 分别为 41.5 ~ 51.5, 51.5 ~ 61.5, 61.5 ~ 71.5, 71.5 ~ 81.5, 81.5 ~ 91.5. 将各组区间右端点的值输入到工作表中的同一列记为 “分点数据” 备用.

第四步: 利用数据分析工具生成频数分布表和频数分布直方图.

点击 “数据” 选项卡下的 “数据分析” 按钮, 在弹出的 “数据分析” 对话框中, 选择 “直方图” 分析工具, 点击 “确定”. 在新对话框的 “输入区域” 处选择全部样本数据, 在 “接收区域” 处选择已经准备好的 5 个分点数据, 在输出选项中, 在工作表的空白处选择适当的区域, 然后勾选 “图表输出”. 点击 “确定” 按钮便生成频数分布表和频数分布直方图 (图 8–3).

工具箱

加载 “分析工具库” 的步骤: 依次点击 “文件—选项—自定义功能区”, 勾选 “开发工具”; 点击 “开发工具” 选项卡下 “加载项”, 选中 “分析工具库”, 点击 “确定”.

接收	频率
51.5	4
61.5	7
71.5	17
81.5	9
91.5	3
其他	0

(1)

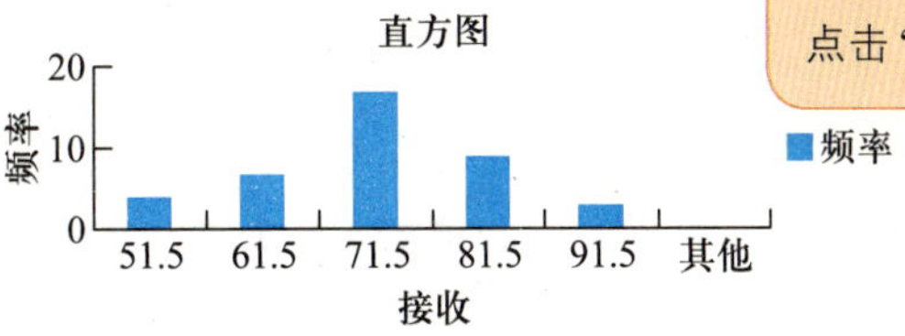

(2)

图 8–3

(因软件未给出数据标签修改功能, 图中 “频率” 应为 “频数”)

第五步: 制作频率分布表. 在已经生成的频数分布表中将 “接收” 改为 “分组”, 并把这一列改为各组的区间表达式, 在右侧增加一列 “$\dfrac{频率}{组距}$”, 根据频率 = $\dfrac{频数}{样本容量}$, 在该栏目下的第一个单元格中, 输入计算 $\dfrac{频率}{组距}$ 的表达式, 按回车键, 得到第一组 $\dfrac{频率}{组距}$ 的值, 选中该单元格, 将鼠标对准单元格右下方的 “小正方形” 使鼠标形状变为 “十” 形, 此时按住鼠标左键不放, 往下拖动鼠标至最后一个小组, 得到各组的 $\dfrac{频率}{组距}$ 值, 这样就得到了频率分布表 (图 8–4).

分组	频数	频率/组距
41.5~51.5	4	0.010 0
51.5~61.5	7	0.017 5
61.5~71.5	17	0.042 5
71.5~81.5	9	0.022 5
81.5~91.5	3	0.007 5

图 8–4

第六步: 制作频率分布直方图. 在频率分布表中, 先选中 “分组” 列中的数据, 然后按住 “Ctrl” 键不放, 再选中 “$\dfrac{频率}{组距}$” 列中的数据, 从 “插入” 选项卡下的 “图表” 栏目中选择合适的柱形图, 得到该组数据的频率分布直方图 (图 8–5).

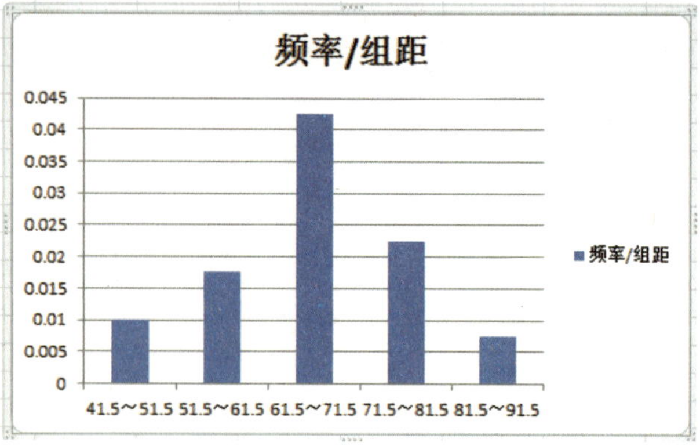

图 8–5

最后还可以对已经做出的直方图进行修饰, 选中坐标轴或者任一矩形并单击鼠标右键, 可以利用弹出的右键菜单中的许多功能对直方图进行修饰. 比如: 选中任一矩形并单击鼠标右键, 点击 “设置数据系列格式”, 点击 “填充”, 选择 “依数据点着色”, 即可为直方图中的矩形填充不同的颜色.

视频 8–6
利用频率直方图求频率和频数

例 2 某雷达测速区规定; 凡车速大于或者等于 70 km/h 的汽车视为 “超速” 并将受到处罚, 图 8–6 是某路段的一个检测点对 200 辆汽车的车速进行检测所得结果的频率分布直方图, 则从图中可以看出被处罚的汽车大约有多少辆?

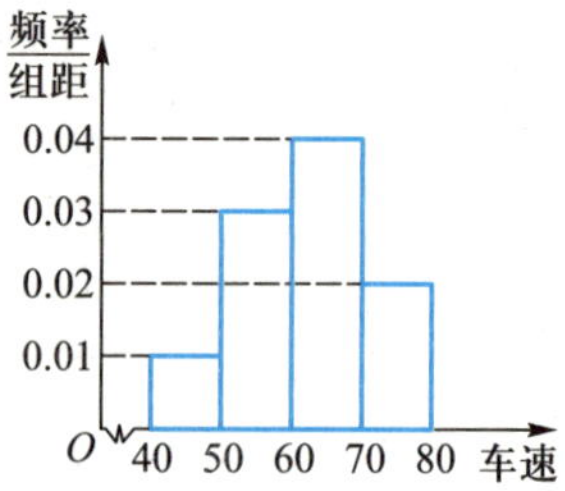

图 8–6

解 车速大于或者等于 70 km/h 的汽车在直方图中所占矩形的面积是

$$0.02 \times 10 = 0.2,$$

则数据落在这一范围的频率是 0.2. 频数 = 频率 × 样本容量 = $0.2 \times 200 = 40$.

所以车速大于或者等于 70 km/h 的汽车约有 40 辆.

融会贯通

频率分布表通过改变数据的构成形式, 清晰准确地提供了要了解的数据, 从表中能方便的求得各组的频率和频数. 频率分布直方图主要是为了将获取的数据直观、形象地表示出来, 让我们能够更好了解数据的分布情况, 这样, 就可以根据图形体现的样本频率分布，大致估计总体的分布. 但是，频率分布直方图的原始数据不能在图中表示出来，这就使一些基本信息容易丢失.

践行新知

1. 已知一个样本为:

25, 21, 23, 25, 26, 29, 26, 28, 30, 29,

26, 24, 25, 27, 26, 22, 24, 25, 26, 28.

(1) 填写下面的频率分布表:

第 1 题表

分组	频数累计	频数	频率
20.5 ~ 22.5			
22.5 ~ 24.5			
24.5 ~ 26.5			
26.5 ~ 28.5			
28.5 ~ 30.5			
合计			

(2) 画出频率分布直方图.

2. 某地区为了了解知识分子的年龄结构，随机抽样 50 名，其年龄分别如下:

42, 38, 29, 36, 41, 43, 54, 43, 34, 44, 40, 59, 39, 42, 44, 50, 37, 44, 45, 29, 48, 45, 53, 48, 37, 28, 46, 50, 37, 44, 42, 39, 51, 52, 62, 47, 59, 46, 45, 67, 53, 49, 65, 47, 54, 63, 57, 43, 46, 58.

(1) 列出样本频率分布表;

(2) 画出频率分布直方图;

(3) 估计年龄在 32 ~ 52 岁的知识分子所占的比例约是多少.

第 3 讲 用样本估计总体 (二)

专业链接

在总体中抽取样本，这样就得到一组数据，可以用样本的频率分布估计总体的频率分布，也可以用样本均值、方差、标准差等样本的数字特征来估计总体. 在汽车的刹车距离测试、汽车零件检查等问题中经常需要抽取一定的样本数据，从而通过用样本的数字特征来估计总体的数据特征.

数学相关

观察思考

观察表 8–6 中四种车型的百公里刹车距离 (百公里刹车距离是指车辆加速到 100 km/h 时, 踩死刹车, 车辆从刹车制动开始至停止时行驶的距离), 比较它们的刹车性能. 以下测试数据中刹车距离的单位为米.

表 8–6

车型	连续刹车次数										平均刹车距离
	1	2	3	4	5	6	7	8	9	10	
A	35.37	35.52	35.16	35.49	35.41	36.18	35.48	35.41	35.04	35.02	
B	35.58	36.86	37.13	36.42	35.95	36.82	37.05	36.96	37.19	36.62	
C	38.98	39.24	39.95	40.15	40.27	39.24	40.86	40.54	39.64	39.47	
D	35.45	35.55	36.01	35.18	35.61	36.12	36.07	33.12	35.41	35.56	

想一想

A 车型和 D 车型的百公里平均刹车距离一样, 那么谁的刹车性能更稳定呢?

新知讲授

1. 用样本均值估计总体均值

如果有 n 个数 $x_1, x_2, \cdots, x_n$. 那么 $\overline{x} = \dfrac{x_1 + x_2 + \cdots + x_n}{n}$ 叫做这 n 个数的**平均数**或**均值**, $\overline{x}$ 读作 "x 拔". 均值反映出这组数据的平均水平.

例如, 某班共有 10 名学生, 一次数学测验的成绩分别为:

$$78, 65, 47, 84, 92, 88, 75, 58, 73, 68;$$

则这 10 名学生的平均成绩为

$$\overline{x} = \frac{78 + 65 + 47 + \cdots + 68}{10} = 72.8.$$

可以用样本的均值来估计总体的均值. 样本容量越大, 这种估计的可信程度越强.

在上面的试验中, 可以很容易求得四种车型的平均百公里刹车距离分别是

$$\overline{x_A} = 35.41, \quad \overline{x_B} = 35.66, \quad \overline{x_C} = 39.83, \quad \overline{x_D} = 35.41.$$

2. 用样本的标准差估计总体的标准差

先来看这样一个简单的问题: 某职业学校英语提高班采用小班教学, 每班 15 人. 现 A、B 两个班参加统一的口语测试, 成绩如表 8–7 所示.

表 8–7

A 班同学成绩	67	72	93	69	86	84	45	77	88	91	81	76	84	90	63
B 班同学成绩	78	96	56	83	86	48	98	67	62	70	64	97	96	79	86

试问哪个班的成绩较好些？

将这次成绩作为样本，来评价两个班成绩. 分别计算均值，得

$$\overline{x}_A = \frac{1}{15}(67+72+93+69+86+84+45+77+88+91+81+76+84+90+63) = 77.73,$$

$$\overline{x}_B = \frac{1}{15}(78+96+56+83+86+48+98+67+62+70+64+97+96+79+86) = 77.73,$$

A、B 两个班的平均成绩相同，也就是均值相同.

再来比较两个班同学的成绩对于平均成绩的偏离程度，偏离程度越大，说明其成绩波动越大，教学两极分化；偏离程度越小，说明其成绩波动越小，教学水平均衡稳定.

分别计算 A 班同学成绩与均值之差，如表 8–8 所示.

视频 8–7
样本方差、标准差

表 8–8

序号 i	1	2	3	…	14	15
成绩 x_i	67	72	93	…	90	63
偏差 $x_i-\overline{x}$	–10.73	–5.73	15.27	…	12.27	–14.73

这些偏差有正数，也有负数. 如果直接相加，就会出现偏差互相抵消，不能反映偏离程度，可用偏差平方的均值来描述这种偏离程度，即

$$s^2 = \frac{1}{n-1}[(x_1-\overline{x})^2+(x_2-\overline{x})^2+\cdots+(x_n-\overline{x})^2].$$

分别计算两个班成绩的偏差平方的均值，得

$$s_A^2 = \frac{1}{14}[(67-77.73)^2+(72-77.73)^2+\cdots+(63-77.73)^2] \approx 167.07,$$

$$s_B^2 = \frac{1}{14}[(78-77.73)^2+(96-77.73)^2+\cdots+(86-77.73)^2] \approx 255.92,$$

由 $s_A^2 < s_B^2$ 可以看出，A 班的考试成绩比 B 班的波动小，因此 A 班同学的学习成绩更稳定，总体看比 B 班的成绩好.

反映样本的个体与样本均值之间偏离程度的数值叫做**样本方差**. 反映所有个体与总体均值之间偏离程度的数值叫做**总体方差**. 可以用样本的方差来估计总体的方差. 样本容量越大，这种估计的可信程度越强.

由于方差的单位是数据单位的平方, 使用起来不方便. 因此, 人们常使用它的算术平方根来表示个体与样本均值之间偏离程度, 叫做**标准差**, 用希腊字母 σ 表示. 即

$$\sigma=\sqrt{\frac{1}{n-1}[(x_1-\overline{x})^2+(x_2-\overline{x})^2+\cdots+(x_n-\overline{x})^2]}.$$

计算样本的方差 (或标准差) 一般是很麻烦的. 可以使用计算器或计算机软件完成计算. 下面使用计算器或计算机软件来求解一下百公里刹车距离样本数据的方差和标准差.

典型例题

视频 8–8
用函数型计算器求样本均值和方差

例 1 采用函数型计算器 (此处为 CASIO $fx-82CNX$ 函数型计算器) 以 A 车型的样本数据为例, 计算样本均值、样本方差和样本标准差.

解 步骤如下:

(1) 将计算器设置为统计计算状态 (STAT)

按一次 MODE, 显示 1:COMP 2:STAT 3:TABLE, 按 2 进入统计计算状态.

(2) 输入数据

在统计计算状态下, 按键 1 进入单个变量输入数据状态, 依次输入各个数据, 每输入一个数据后, 都要按键 =.

(3) 显示计算结果

① 依次按键 OPTN、3 单变量计算;

② 显示样本均值为 $\overline{x}=35.41$, 样本方差为: $s^2x=0.11$, 样本标准差为 $sx=0.33$.

同理可求得 D 车型的刹车数据的样本均值为: $\overline{x}=35.41$, 样本方差为: $s^2x=0.74$, 样本标准差为: $sx=0.86$.

由此可以看到, 虽然 A 和 D 车型的样本均值相同, 但 $s_A^2<s_D^2$, 所以 A 车型的刹车性能更稳定.

视频 8–9
用 Excel 求样本均值和方差

例 2 利用 Excel 软件, 以 A 车型样本数据为例, 计算样本的均值、方差、标准差.

解 步骤如下:

(1) 依次输入数据 (图 8–7).

(2) 如图 8–8 所示, 求样本均值时, 在数据空白单元格 (如 C6) 输入 “样本均值”, 在 “样本均值” 右侧空单元格内输入 “=AVERAGE (A1: A10)”, 按回车键; 求样本方差时, 在数据空白单元格 (如 C7) 内输入 “样本方差”, 在 “样本方差” 右侧空单元格内输入 “=VAR.S(A1: A10)”, 按回车键; 求样本标准差时, 在数据空白单元

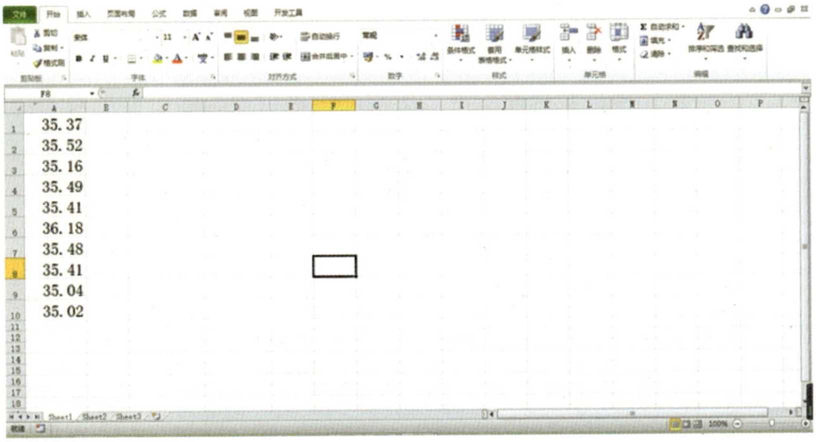

图 8–7

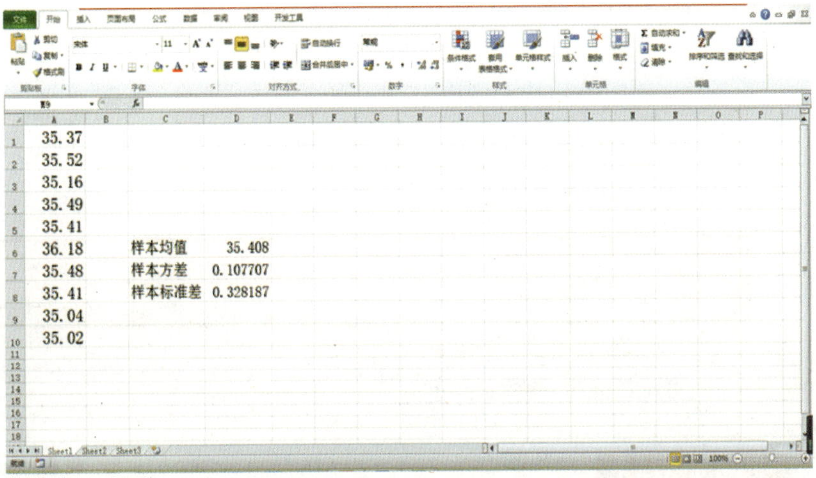

图 8–8

格 (如 $C8$) 内输入 “样本标准差”, 在 “样本标准差” 右侧空单元格内输入 “= STDEV.S (A1: A10)”, 按回车键.

融会贯通

样本方差 (标准差) 反映了样本的波动情况, 它描述了一组数据的变异程度或分散程度, 用样本的数字特征去估计总体的数字特征, 这是统计学一种重要的数学思想. 样本方差和标准差在日常生活以及汽修专业数据统计中有着广泛的应用.

践行新知

1. 从 1 000 个汽车零件中抽取 10 件, 每件长度如下 (单位: mm):

22.36, 22.35, 22.33, 22.35, 22.34, 22.37, 22.38, 22.36, 22.32, 22.35;

使用 Excel 软件或者函数型计算器计算样本均值和标准差，并估计总体的均值和标准差.

2. 从某汽车灯泡生产厂生产的一批灯泡中随机地抽取 10 只进行寿命测试，得到数据如下：

1456, 1395, 1562, 1614, 1351,

1490, 1478, 1382, 1536, 1496;

使用 Excel 软件或者函数型计算器求样本均值及样本标准差(精确到 0.01).

3. 甲、乙两人在相同条件下各掷铁饼 5 次，距离如下 (单位：米)：

甲：46.0, 48.5, 41.6, 46.4, 45.5,

乙：47.1, 40.8, 48.9, 48.6, 41.6.

(1) 计算甲、乙两人成绩的方差和标准差；

(2) 说明谁的技术较稳定.

4. 某工厂在一次技能比赛中，对甲、乙两个工人生产的零件质量的评分如下表所示.

甲	93	95	95	96	96	95	94	97	94	95
乙	94	95	96	95	95	96	95	94	94	96

试判断谁生产的零件更好.

【阅读资料】

统计学中的陷阱

20 世纪 50 年代，美国的各大媒体和宣传机构越来越重视利用统计——“这个神秘的语言”——说话，然而大量的统计数据、统计资料由于主、客观原因被滥用，很难起到描述事实、传递信息的作用. 相反，还往往对读者形成误导.

数学是一个很严谨的工具，然而正如任何工具都可以被别有用心的人用作他途一样，数学亦不例外，而在所有数学的分支里，统计学由于与不确定性有关，以致用它来有意或无意地行骗的人存在于各个领域，正是这些人，让统计学背上了“臭名昭著”的恶名，统计学家甚至成了专业骗子的代名词. 要认清这些骗子伎俩，唯有对统计学本身有一定的了解.

毫无疑问，媒体是骗子的最大滋生地，通常来说，媒体只提供统计数据，而不会花篇幅去写得出此数据的具体过程，对于数据，如果不知道它的统计过程，那基本上是没多大意义甚至是毫无意义的. 这些统计调查本身往往并没有错，错的是媒体语焉不详，甚至刻意利用数据得出哗众取宠的结论. 就这样, 人们对统计数据失去了信任. 比如平均工资的统计, 经常会觉得自己的工资连平均都没达到, 那么是不是这些统计错了呢? 不是, 它们没有错, 显然是因为有部分群体工资偏高, 从而导致了总体平均数偏高, 这里的平均数是指均值, 平均数有均值、中位数、众数三种, 均值一般是三者中能够得到的最大平均数, 在没有点明是哪种平均数的情况下, 通常就是均值, 但人们正是可以利用这点来做出各种不同的平均数来达到自己的目的. 再如, 统计资料表明, 大多数汽车事故出在中等速度的行驶中, 极少的事故是发生在大于 150 km/h 的行驶速度上. 正确答案绝不是这样. 统计关系往往不能表明因果关系. 由于多数人以中等速度开车, 所以多数事故是出在中等速度的行驶中.

当经常看到飞机失事和犯罪的新闻, 就会认为飞机失事率和犯罪率越来越高了, 感慨坐飞机越来越不安全或世风日下. 而实际上, 这些只是媒体对某一方面有所侧重的报道所导致的"假象". "某某产品真垃圾" "某某网站服务态度真差", 这样的抱怨网上到处都是, 几乎没有产品和网站能够躲得过, 那么是不是真的如那些人说的那么差? 未必, 因为人们往往只会抱怨那些不幸的事, 而眼里也往往只看到这些负面的言论, 对这些印象也会格外的深, 于是, 忘记了还有很多沉默的大多数用户和其他正面的言论. 同一个统计结果, 换不同的方式来表达会让人有不同的感觉, 比如说一个手术, 跟病人说有 10%的概率会死, 那么病人多数会犹豫不决, 如果跟病人说有 90%的存活率, 那么病人选择做的可能性就会大很多.

统计学中所包含的思维, 利用统计学所犯的错误, 归根到底就是逻辑. 把相关性当成因果性, 这是事后归因; 小样本得出大结论, 这是以偏概全. 基本上每一个统计陷阱就是一个逻辑谬误, 学会统计学, 就是学会怎么说理. 统计学的逻辑无处不在, 要活学活用统计思想.

郑重声明